CARA A CARA CON LOS
DINO SAURIOS

Tramuntana

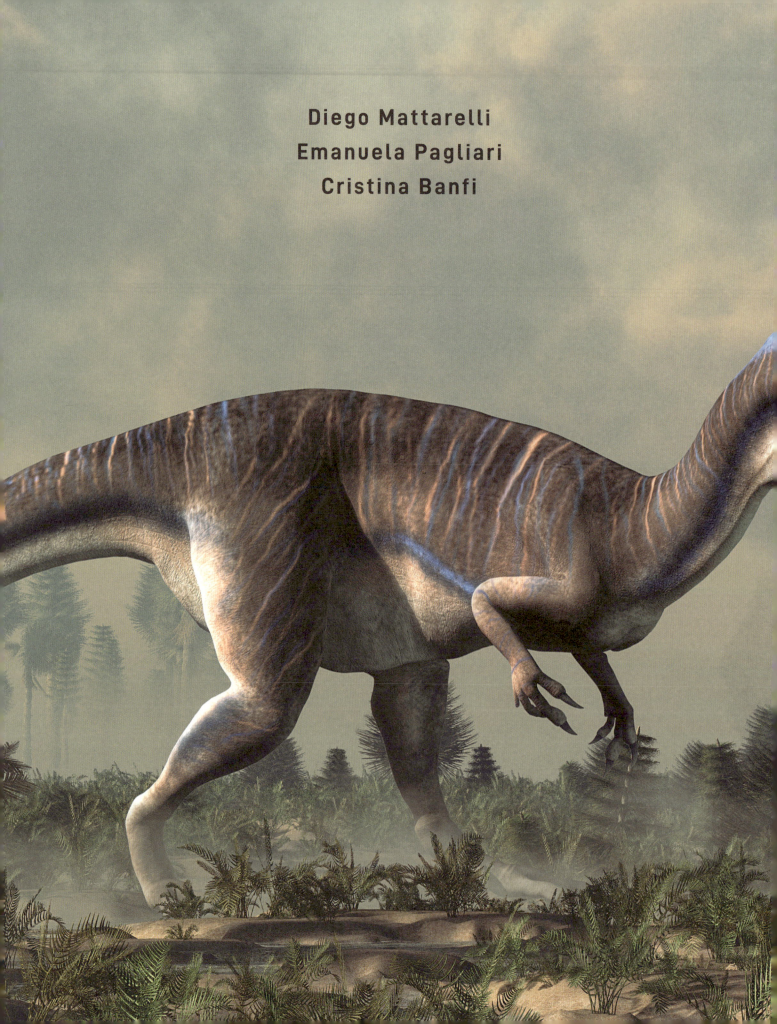

Diego Mattarelli
Emanuela Pagliari
Cristina Banfi

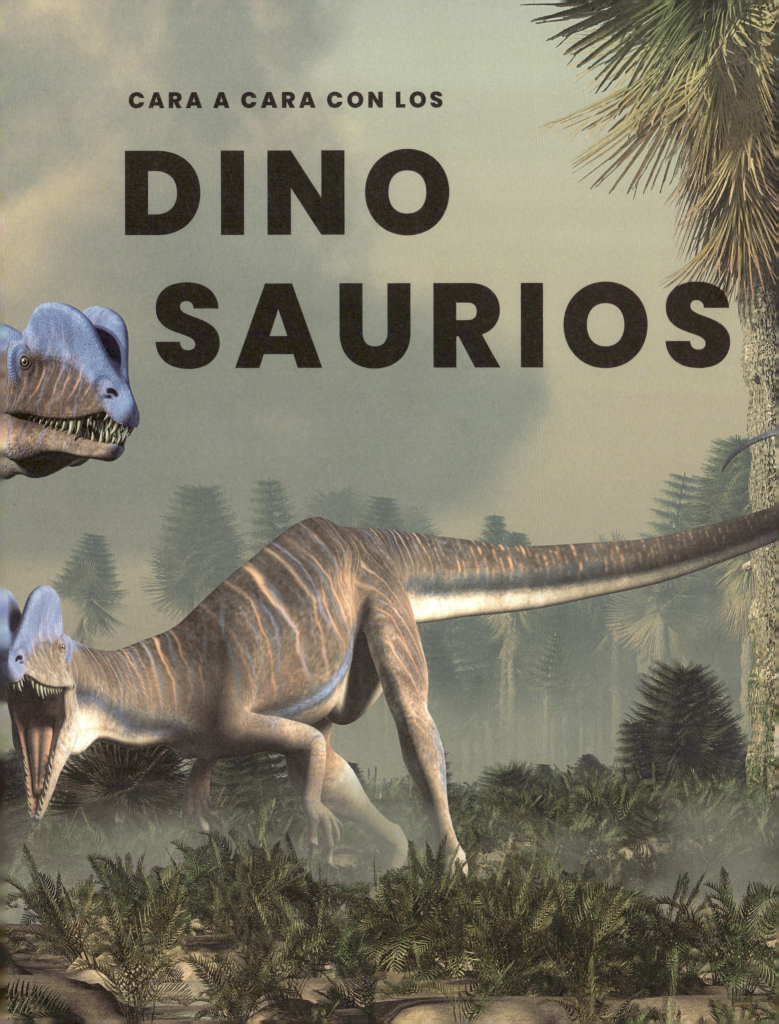

SUMARIO

LA ERA DE LOS REPTILES	8
LÍNEA TEMPORAL	12
EL MUNDO DE LOS DINOSAURIOS	14
CÓMO LEER LOS DIAGRAMAS	18

LOS CARNÍVOROS

INTRODUCCIÓN	20
EN LAS HUELLAS DE LOS DEPREDADORES	22
DEINONYCHUS	24
GUANLONG	26
DILOPHOSAURUS	28
CARNOTAURUS	30
MICRORAPTOR	34
CITIPATI	36
GIGANOTOSAURUS	38
VELOCIRAPTOR	42
OVIRAPTOR	48
TROODON	52
ALLOSAURUS	56
CERATOSAURUS	62
ICTHYOVENATOR	64
SPINOSAURUS	66
BARYONYX	70
AUSTRORAPTOR	74
ACROCANTHOSAURUS	78
GALLIMIMUS	82
TYRANNOSAURUS	84
ARCHAEOPTERYX	90

LOS HERBÍVOROS

INTRODUCCIÓN		94
DIENTES DE LOS HERBÍVOROS		96
ALAMOSAURUS		98
PUERTASAURUS		102
TRICERATOPS		104
TOROSAURUS		108
EINIOSAURUS		112
DIABLOCERATOPS		116
PROTOCERATOPS		120
PACHYRHINOSAURUS		126
DIPLODOCUS		130
APATOSAURUS		134
PACHYCEPHALOSAURUS		136
STYGIMOLOCH		140
MAIASAURA		142
ANKYLOSAURUS		146
ARGENTINOSAURUS		150
PARASAUROLOPHUS		154
OURANOSAURUS		158
AMARGASAURUS		160
PLATEOSAURUS		164
LAMBEOSAURUS		166
THERIZINOSAURUS		168
STEGOSAURUS		170
ALTIRHINUS		174
IGUANODON		176

LOS PTEROSAUROS

INTRODUCCIÓN 182	**RHAMPHORHYNCHUS** 196
QUETZALCOATLUS 184	**TAPEJARA** 200
PTERANODON 188	**TUPANDACTYLUS** 202
PTERODACTYLUS 194	**EUDIMORPHODON** 204

LOS REPTILES MARINOS

INTRODUCCIÓN 208	**ICHTHYOSAURUS** 222
STENOPTERYGIUS 210	**PLIOSAURUS** 224
TYLOSAURUS 214	**PLESIOSAURUS** 226
ELASMOSAURUS 216	**LIOPLEURODON** 228
MOSASAURUS 218	

EXTINCIÓN 230	**CRÉDITOS FOTOGRÁFICOS** 238
PARQUES TEMÁTICOS Y MUSEOS 234	**BIOGRAFÍAS** 239
GLOSARIO 236	

LA ERA DE LOS REPTILES

LA HISTORIA DE LA VIDA EN LA TIERRA SE CARACTERIZA POR PERIODOS DONDE FLORECIERON ANIMALES Y PLANTAS, Y AQUELLOS EN LOS QUE LAS DIVERSAS FORMAS DE VIDA EXPERIMENTARON CAMBIOS REPENTINOS EN LOS ENTORNOS QUE HABÍAN CONQUISTADO, NORMALMENTE A CAUSA DE FENÓMENOS CATASTRÓFICOS, PROVOCANDO SU EXTINCIÓN

De hecho, hace 252 millones de años, la vida fue prácticamente borrada de la Tierra, y las criaturas que sobrevivieron se encontraron un mundo casi vacío, con nuevos entornos en los que extenderse y desarrollarse. Esto fue el inicio de la era que los paleontólogos llaman Mesozoica. Este nombre significa "vida media" y se eligió porque las formas de vida que habitaban la Tierra en ese momento eran diferentes a las que existían en el pasado y a las de la actualidad. El Mesozoico suele llamarse "Era de los Reptiles". De hecho, los reptiles fueron las criaturas con mayores ventajas a la hora de llenar el vacío del mundo, y conquistaron los tres entornos: la tierra, el agua y el aire.

TRIÁSICO

LA ERA MESOZOICA SE DIVIDE EN TRES PERIODOS: TRIÁSICO, JURÁSICO Y CRETÁCICO.

En el periodo Triásico (hace 252-201 millones de años), las masas de tierra del mundo estaban unidas en el supercontinente de Pangea, y el clima era muy cálido y seco, excepto en las zonas costeras, debido a la humedad del mar. Por tanto, la mayoría de los entornos eran desérticos, especialmente aquellos alejados de la costa, y gran parte de las plantas eran coníferas (parientes de los pinos y abetos actuales), helechos arbóreos y algunas variedades de ginkgo. En esta época aparecieron los primeros dinosaurios en la tierra, los primeros reptiles marinos en el océano y los primeros pterosaurios en el cielo. También existían mamíferos, aunque no eran más grandes que un perro pequeño. A finales del periodo Triásico, Pangea empezó a separarse y el océano comenzó a llenar el área entre los dos nuevos continentes que se estaban formando.

JURÁSICO

CRETÁCICO

ACTUAL

Este hecho marcó el inicio del Jurásico (hace 201-145 millones de años). El clima seguía siendo cálido, pero poco a poco era más húmedo, permitiendo que las plantas se extendieran con facilidad por el interior, y los animales que se alimentaban de ellas se diversificaran y siguieran desarrollándose. No solo había reptiles por todas partes en el Jurásico, sino que también fue el periodo en el que los dinosaurios se convirtieron en los animales más grandes que han pisado nuestro planeta. Se desarrollaron grandes saurópodos como el *Brachiosaurus* y el *Diplodocus*, que se alimentaban en extensos bosques de gimnospermas, como coníferas, ginkgos y cícadas. Los herbívoros fueron seguidos por los carnívoros, que también tenían gran tamaño, por ejemplo, el *Allosaurus* y el *Ceratosaurus*. Por otro lado, la evolución de los dinosaurios más pequeños dio lugar al nacimiento de los primeros dinosaurios voladores, es decir, las aves.

Los dinosaurios consiguieron su esplendor en el periodo Cretácico (hace 145-66 millones de años) con la aparición de especies como el *Tyrannosaurus*, el *Spinosaurus* y el *Triceratops*. Los enormes *Elasmosaurus* y *Mosasaurus* nadaban en los océanos, mientras que los reptiles voladores, como el *Quetzalcoatlus*, eran los animales más grandes que han surcado el cielo, aunque tuvieron que compartirlo con las aves, que ya estaban muy extendidas en esa época. También fue el periodo que vio el final de estos increíbles reptiles.
Al final del Cretácico hubo otra catástrofe, y así como los dinosaurios se alzaron debido a una serie de eventos que casi habían borrado las formas de vida anteriores, ésta los llevaría al fin de su existencia.

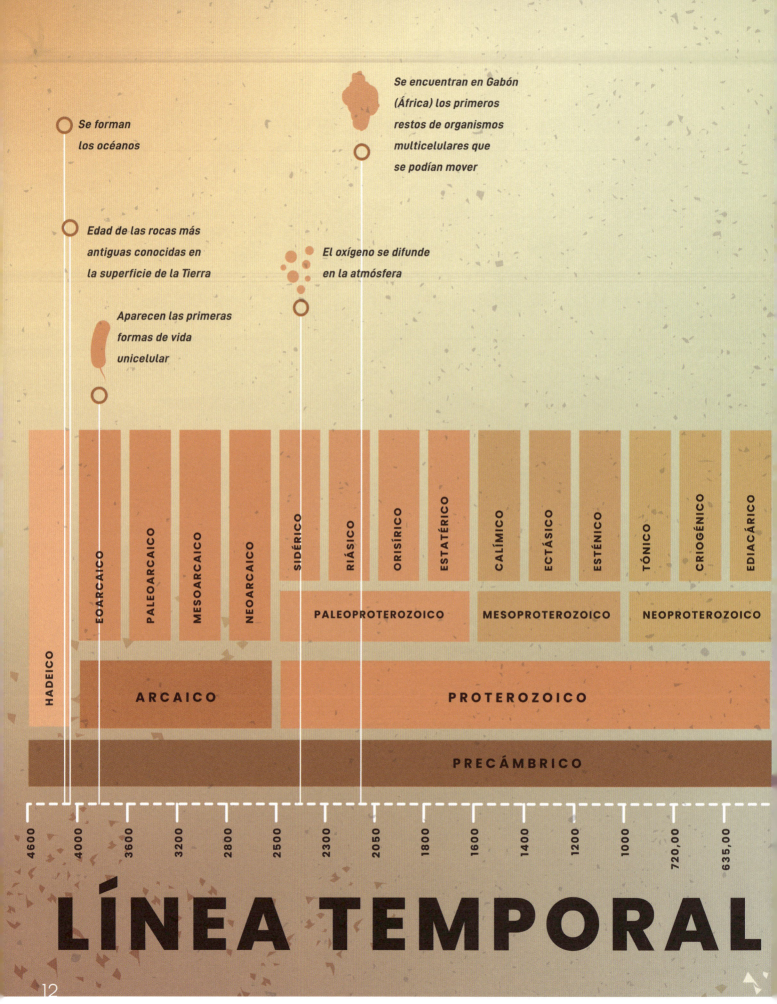

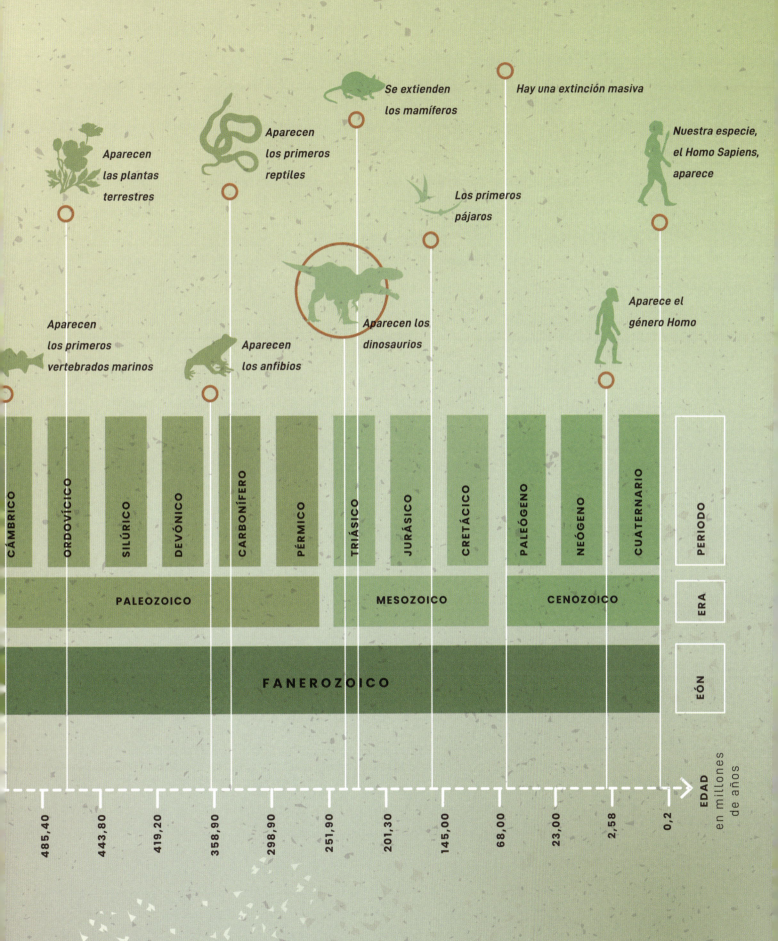

EL MUNDO DE LOS DINOSAURIOS

Los dinosaurios fueron un grupo muy diverso de reptiles: algunos eran tan pequeños como las palomas, mientras que otros eran enormes, más grandes que un camión. La característica principal que todos los dinosaurios tenían en común era la posición y la estructura de las extremidades: al contrario que otros reptiles, los dinosaurios tenían extremidades columnares, es decir, rectas y erguidas bajo el cuerpo. La piel estaba protegida por escamas, y algunas partes del cuerpo de muchos ejemplares estaban cubiertas de plumaje o plumas. Los cerebros eran pequeños en comparación con el tamaño del cuerpo y, en algunos casos, diminutos. Sin embargo, han gobernado la Tierra unos 150 millones de años, durante toda la era Mesozoica. Si lo comparamos con nuestra especie, el *Homo sapiens*, que solo lleva 300.000 años, el periodo de los dinosaurios fue muy largo.

En el pasado, a los dinosaurios se les consideraba seres torpes, lentos y poco inteligentes, quizás debido al tamaño pequeño de sus cerebros. Sin embargo, en la actualidad, se les ha vuelto a evaluar al compararlos con sus descendientes actuales: las aves que, a todos los efectos, son dinosaurios vivos.

Al igual que las aves, los dinosaurios eran capaces de mantener una temperatura corporal constante. Aunque es complicado estar totalmente seguros, ya que es imposible viajar en el tiempo, los paleontólogos encontraron evidencias para corroborar esta teoría al analizar cáscaras fosilizadas de los huevos. Las cáscaras contienen sustancias que nos indican la temperatura del lugar en el que se formaron, es decir, el cuerpo de un dinosaurio hembra. Gracias a estos estudios, sabemos que la temperatura corporal de los dinosaurios era similar a la de las aves actuales, y más alta que la del entorno en el que vivían.

Los primeros dinosaurios eran pequeños, ágiles y bípedos, pero durante el Triásico evolucionaron a muchas formas diferentes: la mayoría se convirtieron en dinosaurios que se alimentaban de plantas, mientras que algunos eran excelentes cazadores. Los fósiles de los dinosaurios más antiguos, como los del *Eoraptor* o el *Pisanosaurus*, fueron encontrados en Argentina y tienen unos 230 millones de años, pero estos restos ya contenían los primeros representantes de los dos grupos en los que se dividen estos animales: Saurisquios (carnívoros y cuadrúpedos gigantes de cuello largo) y Ornitisquios (el resto de herbívoros).

NACIMIENTO DE UN NOMBRE

El primer dinosaurio descrito científicamente fue el *Megalosaurus*, en 1824, seguido del *Iguanodon*, un año después. Pero estos animales todavía no se llamaban "dinosaurios". El término fue acuñado muchos años después, en 1842, por el paleontólogo inglés, Richard Owen, quien combinó dos términos griegos para transmitir lo asombrado que estaba por estos extraordinarios animales: *deinos* (que significa "maravilloso" y "terrible") y *saurus* ("reptil" o "lagarto").

CÓMO LEER LOS DIAGRAMAS

SU PESO:

máximo 2 toneladas

El círculo representa el peso del dinosaurio comparado con un hombre adulto que pesa alrededor de 80 kg (176 libras)

SU TAMAÑO:

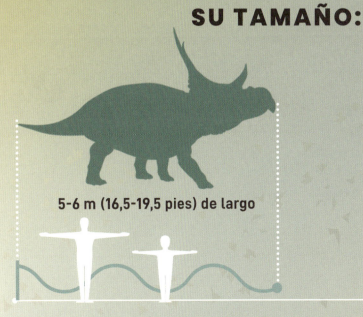

5-6 m (16,5-19,5 pies) de largo

La línea verde representa el tamaño del dinosaurio y se compara con el tamaño de un hombre adulto y de un niño

19

LOS CARNÍVO

El nombre significa:
COMEN CARNE

Los primeros dinosaurios carnívoros emergieron en el periodo Triásico: eran pequeños y tenían una complexión ligera. Sin embargo, se desarrollaron muchas formas diferentes y en el Jurásico Medio, hace 200 y 165 millones de años, existían diversos carnívoros grandes. Los depredadores más grandes y famosos, como el *Tyrannosaurus*, el *Spinosaurus* o el *Giganotosaurus*, solo aparecieron en el Cretácico, el último periodo de la era Mesozoica.

Empleaban diversas técnicas de caza: los dinosaurios más extensos utilizaban su tamaño para aterrorizar y derrotar a la competencia, mientras que otros empleaban técnicas de caza en emboscada. Por otro lado, los dinosaurios pequeños y ágiles dependían de su velocidad. Las principales armas de estos dinosaurios eran los dientes y las garras. Gran parte de la información que poseemos sobre estas criaturas es gracias a sus dientes, los cuales renovaban de forma frecuente, por lo que siempre eran muy efectivos. Los dientes eran puntiagudos, afilados y, en ocasiones, también dentados, ideales para matar a la presa y arrancar trozos de carne. Sin embargo, no servían para masticar.
De hecho, los dinosaurios carnívoros se tragaban la comida entera: no eran capaces de realizar los movimientos necesarios para masticar. Por otro lado, las mandíbulas tenían que ser fuertes, con grandes músculos para asegurar una mordida eficaz. La mayoría eran bípedos y empleaban sus colas largas para balancear el peso de sus grandes y pesadas cabezas. Gran parte de estos dinosaurios tenía manos con las que podían agarrar, herir y sujetar a la presa durante el combate, por eso tenían garras fuertes, curvas y afiladas.

LAS PRINCIPALES ARMAS DE ESTOS DINOSAURIOS ERAN LOS DIENTES Y LAS GARRAS.

Algunos tenían extremidades muy largas con plumas, lo que proporcionaba protección y calor a los huevos durante la incubación. Otros, como el *Carnotaurus* y el *Tyrannosaurus* tenían brazos muy cortos, por lo que no eran adecuados para cazar: solo utilizaban la boca para sujetar y matar a su presa.

Muchos dinosaurios carnívoros, tanto grandes como pequeños, estaban cubiertos con plumaje y plumas y, según los paleontólogos, eran muy coloridos. Las plumas tenían diversas funciones: los dinosaurios pequeños las necesitaban para mantener el calor o, en extraños casos, para volar, mientras que los más grandes probablemente las utilizaban para exhibirse durante los rituales de apareamiento.

EN LAS HUELLAS DE LOS DEPREDADORES

LOS HUESOS FÓSILES SON COMO UNA FOTOGRAFÍA INCOMPLETA DE LOS DINOSAURIOS A LOS QUE PERTENECIERON. LAS HUELLAS FOSILIZADAS PARECEN UNA PELÍCULA: NOS CUENTAN CÓMO SE MOVÍAN LOS DINOSAURIOS, A QUÉ VELOCIDAD, DE QUÉ FORMA Y SI LES GUSTABA ESTAR SOLOS O EN GRUPO. POR EJEMPLO, LAS HUELLAS NOS HAN PERMITIDO CONOCER QUE LOS DINOSAURIOS NO APOYABAN LAS COLAS EN EL SUELO MIENTRAS CAMINABAN.

Una sola huella no proporciona mucha información, pero un rastro de tres o más en fila, dejadas por el mismo animal, proporciona un tesoro de información y ayuda a resolver algunos misterios. Por ejemplo, los rastros de huellas hacen posible determinar la velocidad del animal: si están cerca, nos indican que caminaban, mientras que, si están alejadas, podemos asumir que el dinosaurio corría. ¿Perseguía a una presa o huía del peligro? Normalmente no es posible identificar al dinosaurio que dejó las huellas, ya que casi nunca se han encontrado cerca los restos de su esqueleto. El proceso de fosilización de los huesos es diferente al que conserva las huellas. Sin embargo, en algunos casos, es posible suponer a qué animal pertenecen: se compara la forma y el tamaño de

las huellas con las extremidades de todas las especies de dinosaurios que se han descubierto en esa zona, de forma que sea posible encontrar posibles candidatos. Por eso, los distintos tipos de huellas reciben su propio nombre, y no el del animal que las dejó. Las huellas fosilizadas son rastros fósiles, junto con, por ejemplo, los coprolitos y los huevos.

Eubrontes **Grallator** **Dromaeopodus**

Los carnívoros tenían 4 dedos en los pies, aunque normalmente solo tres tocaban el suelo.

Se han encontrado muchos tipos diferentes de huellas de dinosaurios, todas ellas con dedos y garras alargados. Las "*Eubrontes*" son grandes y tienen los dedos enormes. Las huellas "*Grallator*" son medianas o pequeñas y se caracterizan por tener el dedo central muy alargado. Por otro lado, las "*Dromaeopodus*" solo muestran dos dedos y, durante mucho tiempo, fueron un misterio: ningún dinosaurio tiene solo dos dedos en los pies. Sin embargo, en la actualidad, los paleontólogos creen que estas huellas pertenecen a dinosaurios parecidos al *Velociraptor*, que no apoyaba el dedo gordo en el suelo cuando caminaba y, por eso, no aparece en la huella. Las huellas del *Tyrannosauripus* son enormes, miden más de 70 cm (27 pulgadas) y suelen mostrar la huella del dedo que normalmente estaba levantada del suelo.

DEINON

Este dinosaurio era un depredador ágil, pero no se **movía muy rápido** y, por esa razón, se cree que utilizaba técnicas de caza en emboscada. El *Deinonychus* podía escalar árboles y atacaba a su presa saltando sobre ella y sujetándola con sus fuertes brazos y afilados dientes.

Utilizaba su famosa garra de hoz, que medía alrededor de 15 cm (6 pulgadas), para escalar árboles, pero también era un arma poderosa para inmovilizar o herir a sus víctimas. Esta garra se mantenía alejada del suelo cuando el dinosaurio caminaba o corría, asegurándose de que siempre estuviera afilada y en perfecto estado.

CARACTERÍSTICAS DISTINTIVAS: una garra grande en el segundo dedo de cada pie

YCHUS

Su nombre significa: **GARRA TERRIBLE**

DÓNDE VIVIÓ:

América del Norte

SU PESO:

entre 70 y 100 kg (154-220 libras)

SU TAMAÑO:

hasta 3,4 m (11 pies) de longitud

CUÁNDO VIVIÓ:

hace 115-106 millones de años

TRIÁSICO | JURÁSICO | **CRETÁCICO**

El renacimiento de los dinosaurios

El descubrimiento del *Deinonychus* desencadenó una revolución entre los paleontólogos, conocida como el "**renacimiento de los dinosaurios**". Este hecho cambió la forma en la que los científicos veían a los dinosaurios carnívoros: eran reptiles grandes, torpes y patosos, pero también depredadores rápidos y ágiles.

Debería haber sido una estrella de cine

El *Deinonychus* fue víctima de "**robo de identidad**" cuando se utilizó como modelo para hacer el *Velociraptor* en las películas de Jurassic Park. El director pensó que los *Velociraptors* eran muy pequeños para dar miedo, y decidió utilizar a sus parientes más grandes. ¿Por qué no le llamó por su nombre? Fácil: pensó que los espectadores preferirían el nombre de *Velociraptor*.

GUANLO

El *Guanlong* es un dinosaurio pequeño emparentado con uno de los depredadores más grandes y famosos de todos los tiempos: el *Tyrannosaurus Rex*. **Fue descubierto en 2002** en unas rocas situadas en la región China de Xinjiang. En la actualidad, solo hay dos esqueletos casi completos, encontrados uno encima del otro, a pocos centímetros de distancia. El primero, encontrado más cerca de la superficie, es un adulto de 12 años, mientras que el segundo ejemplar corresponde a un

CARACTERÍSTICAS DISTINTIVAS:
una cresta muy delgada

Su nombre significa:
DRAGÓN CORONADO

DÓNDE VIVIÓ:

Asia

joven de 6 años, que no es adulto todavía. El *Guanlong* es el tiranosáurido más antiguo que se conoce y, aunque tiene algunas características parecidas a sus parientes más grandes y recientes, existen algunas diferencias: tenía los brazos grandes, cada uno con tres dedos, un aspecto útil para capturar a su presa, y poseía una cresta muy desarrollada por todo el hocico, desde las fosas nasales hasta las cuencas oculares.

El *Guanlong* era un cazador ágil que podía comer animales pequeños y medianos, pero era la presa de otros carnívoros más grandes con los que compartía su hábitat, similar al *Allosaurus*, quien, sin duda, podría haberlo cazado.

SU PESO:

90 kg (22 libras)

SU TAMAÑO:

3 m (10 pies) de longitud

CUÁNDO VIVIÓ:

hace 159-154 millones de años

| TRIÁSICO | JURÁSICO | CRETÁCICO |

L A CRESTA

La característica más distintiva de este pequeño tiranosáurido es la cresta situada en el centro del cráneo, que se curva en un arco sobre la parte posterior de la cabeza.

El descubrimiento de dos ejemplares de distintas eras hizo posible determinar que la cresta estaba menos desarrollada en los jóvenes. La cresta de un adulto tenía una altura aproximada de 6 cm (2,4 pulgadas) y medía 15 cm (8 pulgadas), pero a pesar de su tamaño, era muy delgada, por lo que era bastante improbable que se utilizara como arma. Los expertos creen que podía ser muy colorida y, por ese motivo, la usaban para exhibiciones de apareamiento y el reconocimiento de especies.

DILOPHO

H ocico estrecho, huesos delicados y dos crestas altas, delgadas y redondeadas que dominan el cráneo: estas son las características distintivas del *Dilophosaurus*, uno de los dinosaurios carnívoros más grandes que vivió en América del Norte durante el Jurásico Temprano.

Las patas delanteras eran grandes, lo que hace que fuese un **corredor ágil**, que es lo que se espera de un dinosaurio cazador. De hecho, los paleontólogos no están seguros de lo que comía el *Dilophosaurus*: algunos han sugerido que se alimentaba de animales muertos; otros creen que podía abalanzarse sobre presas, algunas incluso más grandes que él; y luego están los que creen que era un "pescador" y que, por lo tanto, comía pescado.

CARACTERÍSTICAS DISTINTIVAS: un par de crestas paralelas en el cráneo

SAURUS

Su nombre significa:
LAGARTO DE DOS CRESTAS

DÓNDE VIVIÓ:

América del Norte

SU PESO:

400 kg (882 libras)

SU TAMAÑO:

7 m (23 pies) de longitud

E L MISTERIO DE LAS CRESTAS

La función de las dos crestas del *Dilophosaurus* todavía se desconoce: la estructura era muy débil para que la usaran en batallas cara a cara con otros dinosaurios porque se podían dañar fácilmente. Por tanto, se cree que servían para exhibiciones de apareamiento, al igual que las de muchas aves hoy en día. Si este fuera el caso, puede que las crestas fuesen de colores vivos.

CUÁNDO VIVIÓ:

hace 193 millones de años

| TRIÁSICO | JURÁSICO | CRETÁCICO |

U NA RADIOGRAFÍA DE UN DINOSAURIO

En 2016, un grupo de paleontólogos examinó en detalle el esqueleto de un *Dilophosaurus* y encontró numerosas **pistas de lesiones y fracturas**. Había daños en algunas vértebras, huesos de las patas traseras y dedos de los pies. ¿Por qué? Es posible que todos los daños se produjeran al mismo tiempo, quizás por una caída mientras volaba. Todas las heridas se curaron, por lo que el *Dilophosaurus* sobrevivió a este suceso durante meses, e incluso años.

CARNOT

El *Carnotaurus* es uno de los dinosaurios carnívoros más conocidos que ha vivido en América del Sur, y probablemente en todo el hemisferio sur, pese a que solo se ha encontrado un esqueleto. El fósil, descubierto en Argentina en 1984, está casi completo, solo le falta la cola y las patas traseras. El resto del esqueleto, aunque está ligeramente deforme por el peso de los sedimentos que lo han conservado, se encuentra en perfecto estado.

Gracias a esta conservación, sabemos que era un adulto y conocemos muy bien sus proporciones corporales: era un dinosaurio grande con **cuello recto y muscular** y cabeza corta y alta. Sin embargo, sus características más distintivas son los dos cuernos del cráneo y los minúsculos brazos, incluso más cortos que los del famoso *T. rex*. Aunque falta la parte inferior de las patas traseras, éstas nos sugieren que este dinosaurio era uno de los carnívoros grandes **más rápidos**. La hipótesis también se deriva de la forma de las primeras vértebras de la cola, a las que se unen los músculos que permiten el movimiento de las patas, que debían estar muy desarrolladas.

Es muy probable que el *Carnotaurus* fuese carnívoro, pero existen dudas sobre cómo era su presa: algunos expertos creen que se alimentaba de animales de tamaño medio, mientras que otros consideran que también podía comer saurópodos grandes.

AURUS

Su nombre significa:
TORO CARNÍVORO

DÓNDE VIVIÓ:

América del Sur

SU PESO:

1.400 kg
(1,4 toneladas)

SU TAMAÑO:

8 o 9 m (26-30 pies) de longitud

CARACTERÍSTICAS DISTINTIVAS:
brazos muy cortos

CUÁNDO VIVIÓ:

hace 72-69 millones de años

TRIÁSICO | JURÁSICO | CRETÁCICO

Cuernos únicos

El cráneo, que mide aproximadamente 60 cm (23,6 pulgadas), es proporcionalmente más corto y resistente que el de otros dinosaurios carnívoros grandes. Su característica más distintiva es el par de **cuernos con forma de cono** que tiene sobre los ojos, que sobresalen lateralmente. El *Carnotaurus* es el único dinosaurio carnívoro bípedo que tiene estos cuernos. No está claro para qué servían. Una de las hipótesis más probables, que tiene en cuenta también los potentes músculos del cuello, es que se utilizaban para luchar con otros *Carnotaurus*, tal vez de la misma manera que los carneros, soportando el impacto gracias al cuello musculoso y a una columna vertebral muy resistente. Puede que también los usaran para cazar, matar pequeñas presas o en exhibiciones de apareamiento.

Piel fósil

El increíble estado de conservación del fósil permitió crear un esqueleto casi completo y, además, conservaba restos de piel, encontrados en la roca que había debajo. Esto hizo posible reconstruir distintas partes del cuerpo: la cabeza, la mandíbula, el cuello y el tórax.

Su piel estaba hecha de **pequeñas escamas** que medían unos 0,5 cm (1/5 pulgadas). También tenía varias filas de osteodermos, de 4-5 cm (1,6-2 pulgadas) de diámetro, que eran huesos en forma de tachuelas situados en la piel que recorrían el cuello, la espalda y la cola. Es probable que su función fuese proteger estas zonas durante el enfrentamiento con dinosaurios de su misma especie o de otra diferente, sobre todo, los laterales.

MICROR

Nuestro conocimiento sobre este dinosaurio es gracias a más de 300 ejemplares fósiles, los cuales han permitido a los paleontólogos crear una reconstrucción exacta: era pequeño, tenía garras en las patas delanteras y traseras, y ambas estaban **cubiertas con las plumas de las alas**. Poseía dientes afilados que utilizaba para comer animales terrestres pequeños y pescado.

Sin embargo, sus técnicas de caza son un misterio: las plumas de las patas delanteras eran tan largas que arrastraban por el suelo cuando corría, arriesgándose a dañarlas y a no poder usar las garras para coger a la presa.

CARACTERÍSTICAS DISTINTIVAS:
dos pares de alas

...APTOR

Su nombre significa:
PEQUEÑO LADRÓN

DÓNDE VIVIÓ:

Asia

SU PESO:

1 kg (2.2 pulgadas)

SU TAMAÑO:

80 cm-1,2 m (2,6-4 pies) de longitud

E L PRIMER DINOSAURIO VOLADOR

Durante mucho tiempo, los expertos no estaban seguros de si las cuatro alas del *Microraptor* se utilizaban para frenar la caída cuando se lanzaba de las ramas del árbol, o para deslizarse de rama en rama. Actualmente, casi todos creen que este pequeño dinosaurio podía **volar con "aleteo"**, un poco como el de las aves actuales.

CUÁNDO VIVIÓ:

hace 120 millones de años

| TRIÁSICO | JURÁSICO | CRETÁCICO |

N EGRO, PERO IRIDISCENTE

Gracias a la gran conservación de los fósiles del *Microraptor*, donde se pueden observar las plumas del plumaje y del cuerpo, y debido a las técnicas paleontológicas nuevas y en continuo avance, también sabemos mucho sobre su color: era completamente negro con un brillo iridiscente, y las dos plumas de la cola eran más largas y brillantes que el resto. Su color sugiere que el *Microraptor* era muy **activo durante el día**, cuando las plumas podían reflejar la luz del sol: también podría haber resultado útil durante las exhibiciones de apareamiento.

CITIPAT

El *Citipati* tenía el cuello largo y la cola más corta que la del resto de dinosaurios bípedos. El cuerpo estaba cubierto de plumas peludas, mientras que los brazos y la cola tenían plumas largas que utilizaban para mantener los huevos cálidos, como hacen ahora muchas aves. Pero esto no es lo único que tienen en común. Tenía una cresta en la cabeza parecida a la que tiene un casuario (un pariente del avestruz) y el cráneo, que era un poco corto, terminaba en un pico robusto y **completamente desdentado**.

CARACTERÍSTICAS DISTINTIVAS: una cresta grande en el cráneo

Su nombre significa:
SEÑOR DE PIRA FÚNEBRE

DÓNDE VIVIÓ:

Asia

SU PESO:

75-85 kg (165-187 pulgadas)

SU TAMAÑO:

3 m (10 pies) de longitud

CUÁNDO VIVIÓ:

hace 75 millones de años

TRIÁSICO	JURÁSICO	CRETÁCICO

Big Mama

En 1990 se encontraron cuatro ejemplares de *Citipati* en **posición amenazante**. Estaban encima de varios huevos, con las patas traseras extendidas a cada lado del nido y las patas delanteras cubriendo por completo los huevos. Hoy en día, este comportamiento amenazante es típico en las aves. El ejemplar más famoso se llamó "Big Mama", debido a su gran tamaño.

¿Presa o depredador?

Se encontraron dos cabezas de *Byronosaurus* en el nido de un *Citipati*, tan jóvenes que puede que aún no hubieran salido del huevo. ¿Por qué estaban allí? Quizá eran presas que el *Citipati* había llevado al nido para alimentar a sus polluelos, o puede que estuvieran robando del nido. Hay otra hipótesis: un *Byronosaurus* adulto había dejado los huevos en el nido del *Citipati*, como ocurre en la actualidad con los cucos, que dejan sus huevos en los nidos de otras aves.

GIGANOT

El *Giganotosaurus* era el "*T. Rex*" de las llanuras de la actual Patagonia, y el depredador más grande de todo el continente de Sudamérica.

Tenía **3 dedos con garras** y dientes curvos y afilados de casi 20 cm (8 pulgadas) de longitud, lo que le permitía cazar dinosaurios más grandes, como saurópodos gigantes, dinosaurios con el cuello largo, como el *Argentinosaurus*. Su bocado causaba graves heridas, mientras arrancaba sin esfuerzo trozos de carne y rompía los huesos de su desafortunada presa.

CARACTERÍSTICAS DISTINTIVAS: crestas cortas y arrugadas en el hocico

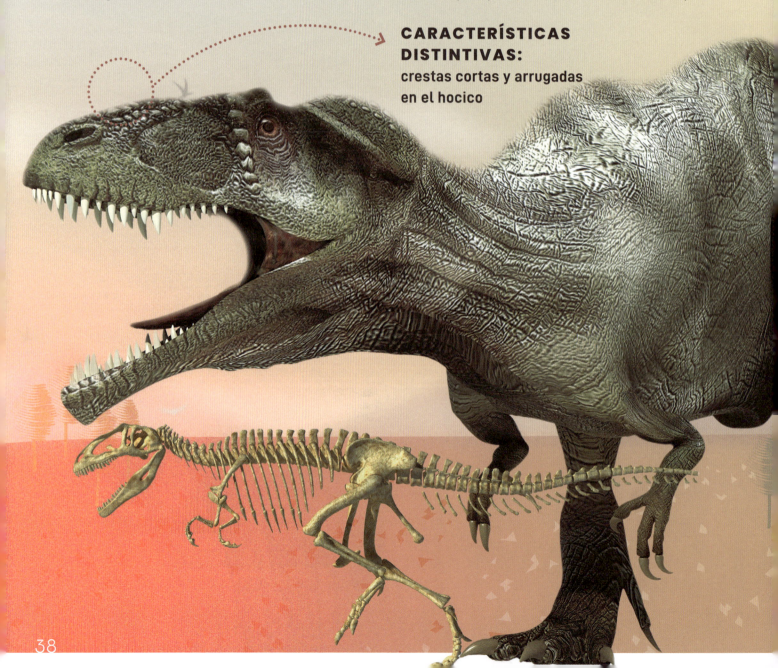

OSAURUS

Su nombre significa:
LAGARTO DEL SUR GIGANTE

DÓNDE VIVIÓ:

América del Sur

SU PESO:

7.500 kg (7,5 toneladas)

SU TAMAÑO:

hasta 14 m (46 pies) de longitud

CUÁNDO VIVIÓ:

hace 95 millones de años

| TRIÁSICO | JURÁSICO | CRETÁCICO |

U N CRÁNEO DESPROPORCIONAL

Aunque no se ha encontrado ningún cráneo intacto de un *Giganotosaurus*, los restos son suficientes para deducir que era enorme: medía más de 1,8 m (6 pies), gigante si lo comparamos con el cuerpo. Sin embargo, parece ser que el cerebro era del tamaño y forma de un **plátano**: una gran área se encargaba de procesar los olores, lo que indica que es probable que pudiera oler a su presa desde la distancia.

G RANDE Y RÁPIDO

El *Giganotosaurus* era el dinosaurio terópodo (como el *T.Rex* o el *Allosaurus*) con las piernas más grandes, y su estructura ósea, con el fémur más corto que la tibia, le permitía correr muy rápido: algunos estudios consideran que podría haber alcanzado los 50 km (30 millas) por hora. Esta característica, unida a su bocado letal, convertía al *Giganotosaurus* en un depredador temible y activo, que prefería cazar en vez de "conformarse" con los cadáveres.

VELOCIR

El *Velociraptor* es uno de los dinosaurios más famosos, probablemente por ser el protagonista de una famosa novela que después saltó a la televisión. En la película se representa como un depredador grande y muy inteligente con piel escamosa y verdosa, más alto que un hombre, que caza en grupo.

Sin embargo, no es una descripción precisa. El *Velociraptor* real era pequeño, con plumas y un cráneo que podía medir hasta 25 cm (9,8 pulgadas): parecía un **pavo grande** con cola larga, una boca llena de dientes afilados y en forma de sierra, y varias garras en las patas delanteras y traseras. También tenía una garra en forma de hoz en cada pie, que era más larga que el resto, la cual es probable que se utilizara como **arma letal**. La estructura ósea muestra que este dinosaurio era ágil y rápido, de ahí su nombre. Aunque los *Velociraptors* se han representado como animales que cazan en grupo, coordinándose entre ellos, no hay evidencias que muestren que fuesen depredadores sociales.

CARACTERÍSTICAS DISTINTIVAS:
una garra larga y curva en el segundo dedo de cada pie

APTOR

Su nombre significa:
LADRÓN VELOZ

DÓNDE VIVIÓ:

Asia

SU PESO:

entre 15 y 20 kg (33 y 44 pulgadas)

SU TAMAÑO:

2 m (6,5 pies) de longitud

CUÁNDO VIVIÓ:

hace 75-71 millones de años

TRIÁSICO	JURÁSICO	CRETÁCICO

LADRONES CON ALAS

La imagen del lagarto creada por la industria cinematográfica se hizo pedazos en 2007, cuando los científicos encontraron evidencias de que el *Velociraptor* estaba cubierto de plumas. Se desenterró un fósil nuevo en Mongolia, de las mismas rocas en las que ya habían encontrado otros fósiles de *Velociraptor*, y los paleontólogos descubrieron señales inequívocas en el antebrazo que indicaban que tenía plumas. Por tanto, es probable que sus brazos se parecieran bastante a unas alas. Sin embargo, eran incapaces de volar porque, aunque sus brazos eran muy fuertes, eran muy pequeños para soportar su propio peso. Seguramente las utilizaban para correr más rápido y mantener el equilibrio cuando estaban sobre su presa.

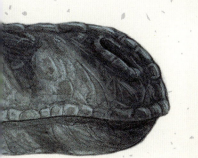

UNA ARMA LETAL

Cuando se descubrió la primera garra con forma de hoz del *Velociraptor*, se consideró un arma perfecta para cazar. De hecho, se pensaba que los golpes de sus poderosas patas traseras eran capaces de **despedazar a la presa**. Sin embargo, la garra larga y puntiaguda no era afilada y, por lo tanto, es poco probable que se utilizara para eso. Probablemente, la técnica de caza del *Velociraptor* era saltar sobre su presa y sujetarla con las garras de hoz, devorándola mientras seguía viva.

Un fósil de un *Velociraptor* en combate con un *Protoceratops* mostraba la garra del *Velociraptor* en la garganta del *Protoceratops*, lo que sugiere que podría utilizar la garra para cortar a su presa por las zonas vitales y herirla mortalmente. Cuando se hacían mayores, o no estaban en "buena forma" puede que actuaran como carroñeros, es decir, alimentándose de carroña.

OVIRAPT

El *Oviraptor* pertenece a un grupo llamado oviraptóridos y se le puso ese nombre porque fue el primer dinosaurio descubierto de este tipo. Era un dinosaurio con plumas, brazos muy largos y cráneo corto, con un pico parecido al de un loro o una tortuga.

Por desgracia, el único cráneo de *Oviraptor* descubierto estaba dañado y le faltaban algunas secciones.

Su nombre significa:
LADRÓN DE HUEVO

DÓNDE VIVIÓ:

Asia

SU PESO:

entre 33 y 40 kg (73 y 88 pulgadas)

SU TAMAÑO:

1,5 o 2 m (5-5,6 pies) de longitud

CUÁNDO VIVIÓ:

hace 90-70 millones de años

| TRIÁSICO | JURÁSICO | CRETÁCICO |

CARACTERÍSTICAS DISTINTIVAS:
un pico similar al de un loro

Sin embargo, la apariencia de algunos huesos sugiere que el *Oviraptor* tenía una cresta grande y ósea, una hipótesis que se aceptó más cuando se encontraron otros miembros del mismo grupo, como el *Citipati*, donde todavía se puede observar la cresta.
Su cola es "poco habitual": es más corta que la de otros dinosaurios de tamaño similar, y las últimas vértebras están fusionadas. En las aves, esta estructura poco habitual, llamada "**pigóstilo**", sirve para sujetar las plumas largas de la cola. Esta similitud hace indicar que el *Oviraptor* tenía plumas largas en la cola.

Su dieta sigue siendo un misterio, su pico era adecuado para comer animales pequeños, semillas, plantas y huevos, por lo que se considera **omnívoro**.

¿Ladrón de huevos?

El nombre de este dinosaurio se eligió en 1924 porque el primer ejemplar de *Oviraptor* se encontró en un nido de huevos que se pensaba que era de un *Protoceratops*, un dinosaurio herbívoro pequeño emparentado con el gran *Triceratops*. ¿Qué hacía ahí el *Oviraptor*?

La respuesta de los paleontólogos fue simple, aunque puede que no muy adecuada: ¡estaba **robando huevos** para comérselos! Pero se ha descubierto que no era así. Entonces, ¿cuál fue la prueba que limpió el nombre del pobre *Oviraptor*? En 1993, se encontró un polluelo dentro de un huevo que se pensaba que era de un *Protoceratops* y… ¡sorpresa! ¡El polluelo era un *Oviraptor*! Además, durante los siguientes años se encontraron varios ejemplares de un dinosaurio muy parecido al *Oviraptor* en posiciones de vigilancia sobre un nido de huevos. Por lo tanto, el *Oviraptor* quedó definitivamente descartado: no estaba robando los huevos de otro dinosaurio, sino incubando los suyos, como muchos dinosaurios que pertenecen a este grupo.

Huevos verdes y azules

Las técnicas paleontológicas modernas, las cuales utilizan instrumentos avanzados, han hecho posible obtener información que antes era imposible de saber.

Se descubrió que los huevos del *Ovitaptor* contienen dos sustancias: **protoporfirina** y **biliverdina**, que están presentes en algunas cáscaras de huevo de las aves actuales y que son las sustancias responsables del color. Este descubrimiento ha hecho posible que los expertos expongan con certeza que los huevos de este grupo de dinosaurios tenían un color azul verdoso.

TROODO

El *Troodon* era un dinosaurio muy pequeño, pero tenía un gran cerebro para su tamaño: era más grande que el de los reptiles actuales y muy parecido al de las aves.

Sus patas traseras eran largas, lo que le hacía ser bastante rápido, y sus brazos flexibles le facilitaban la caza. Este dinosaurio tenía ojos grandes que miraban hacia delante: esto le proporcionaba una **visión binocular perfecta**, lo que significa que calculaba de forma precisa las distancias cuando atacaba a su presa.

Esta característica le habría otorgado una enorme ventaja frente a otros depredadores cuando cazaba en situaciones con poca luz en invierno.

CARACTERÍSTICAS DISTINTIVAS:
ojos muy grandes

N

Su nombre significa:
DIENTE QUE HIERE

DÓNDE VIVIÓ:

América del Norte

SU DIETA

Es probable que el *Troodon* comiera cualquier animal que pudiera cazar: solía aprovecharse de especies más pequeñas y de jóvenes de especies más grandes como el *Hadrosaurus* y el *Edmontosaurus*. La hipótesis se confirma por las diferentes marcas de mordiscos de *Troodon* encontradas en los huesos del 95% de los ejemplares jóvenes de *Edmontosaurus*.

SU PESO:

40 kg (88 pulgadas)

SU TAMAÑO:

2 m (6,5 pies) de longitud

CUÁNDO VIVIÓ:

hace 77 millones de años

| TRIÁSICO | JURÁSICO | **CRETÁCICO** |

EL DESCUBRIMIENTO DE UN DIENTE

El primer ejemplar de *Troodon* tenía solo un diente, un descubrimiento que dio lugar a nuevas especies. Los dientes del *Troodon* eran diferentes a los de la mayoría de los animales. Por tanto, este hecho dificultó la descripción del dinosaurio: los dientes eran afilados y curvos, como los de un carnívoro, pero también eran **dentados** como los de algunos herbívoros. Como nadie había visto nunca otra parte del esqueleto, no se sabía exactamente de qué tipo de dinosaurio se trataba o si era un dinosaurio o no.

ALLOSAU

Es probable que el *Allosaurus* sea el dinosaurio más famoso de los dinosaurios carnívoros conocidos, al menos de los que vivieron en el periodo Jurásico. Fue descubierto antes que el popular *T. rex*, por lo que durante muchos años era el dinosaurio carnívoro más grande que dominaba nuestra imaginación colectiva. Su fama se debe a los **numerosos esqueletos** que se han encontrado, tanto ejemplares jóvenes como adultos.

Los diferentes descubrimientos han hecho posible que sepamos cómo se desarrollaba y comportaba este dinosaurio: vivía unos 28 años, y se convertía en "adulto" entre los 13 y los 19. A medida que crecía, sus proporciones corporales cambiaban ligeramente. Los ejemplares jóvenes tenían las patas traseras más largas que los adultos si se compara con el resto del cuerpo, lo que sugiere que eran más rápidos y ágiles y, por tanto, más aptos para la caza y las persecuciones, mientras que los adultos utilizarían las técnicas de emboscada.

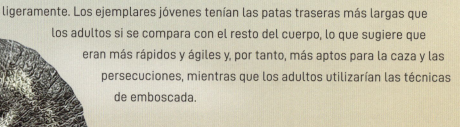

CARACTERÍSTICAS DISTINTIVAS: crestas pequeñas sobre los ojos

RUS

Su nombre significa:
LAGARTO DIFERENTE

DÓNDE VIVIÓ:

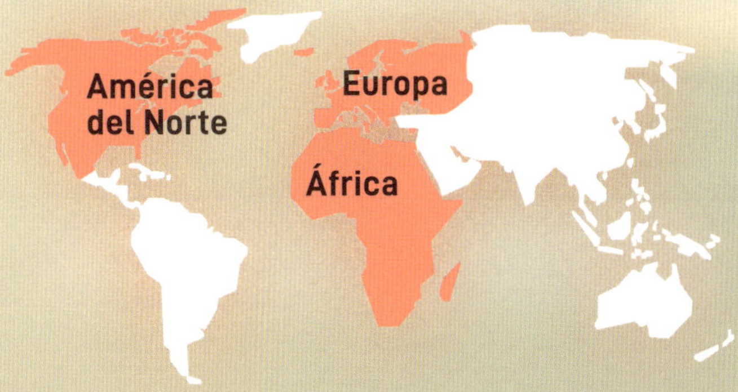

- América del Norte
- Europa
- África

SU PESO:

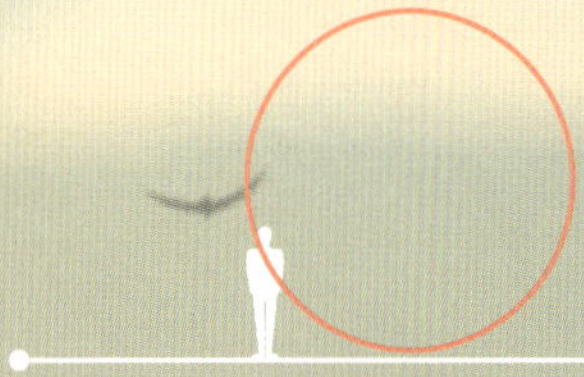

entre 1.400 y 2000 kg
(1,4 y 2 toneladas)

SU TAMAÑO:

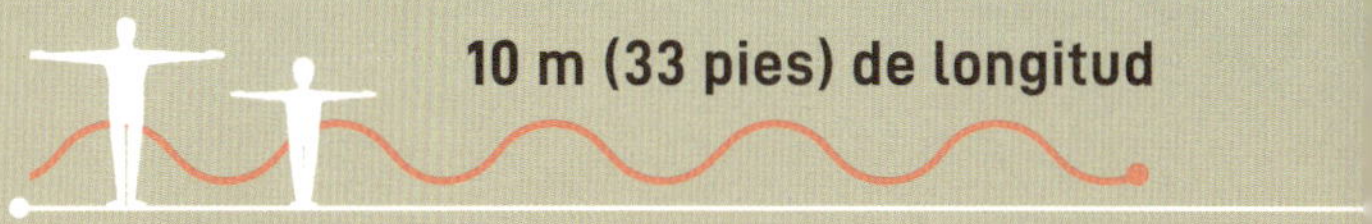

10 m (33 pies) de longitud

CUÁNDO VIVIÓ:

hace 155-145 millones de años

| TRIÁSICO | JURÁSICO | CRETÁCICO |

¿Vida en manada?

Durante mucho tiempo se pensó que los *Allosaurus* vivían en manadas, ya que se encontraron varios esqueletos en el mismo lugar. Sin embargo, no hay ninguna evidencia real que lo certifique: de hecho, algunos descubrimientos sugieren que era justo lo contrario: algunos esqueletos muestran signos de **combate entre especies**, lo que significa que, aunque los encuentros entre *Allosaurus* eran frecuentes, no eran amistosos.

Caza

Como la mayoría de los dinosaurios carnívoros, las armas letales de los *Allosaurus* eran las garras y los dientes. Éstos eran afilados, dentados y pequeños y esta característica, junto con la estructura del cráneo, hizo que los expertos no supieran con exactitud cómo los utilizaban para cazar. En la actualidad, se cree que los *Allosaurus* usaban toda la cabeza como una verdadera **maza**.

Su cuello extremadamente musculoso creaba un impulso para que el cráneo golpeara a la presa: mientras lo hacía, mantenía la boca abierta para que los dientes pudieran arrancar trozos grandes de carne.

Los brazos eran muy fuertes, lo que les permitía sujetar con fuerza a sus víctimas con la ayuda de sus **temibles y curvadas garras**, que medían unos 18 cm (7 pulgadas).

Gracias a estas poderosas armas, los *Allosaurus* podían sacar lo mejor de una presa mucho más grande que ellos como, por ejemplo, los *Diplodocus*.
Una vez mataban a la presa, los *Allosaurus* se alimentaban de ella igual que las aves grandes en la actualidad: escalaban sobre el cuerpo inmóvil, lo sujetaban con las patas traseras y, gracias a la gran movilidad y fuerza del cuello, podían **morder** la carne y desgarrarla.

Sin embargo, no siempre salía indemne de estos encuentros como demuestra el descubrimiento de una de sus vértebras, con una herida visible causada por la cola espinosa de un *Stegosaurus*.

UN GRAN DIPLODOCUS INTENTA DEFENDERSE DE UN PAR DE ALLOSAURUS QUE YA HAN ATACADO Y MATADO A UN DIPLODOCUS JOVEN.

CERATO

Los fósiles del *Ceratosaurus* son muy peculiares, pero se reconocen con facilidad porque este gran dinosaurio carnívoro tenía un **cuerno nasal** muy distintivo, con otras dos protuberancias sobre los ojos. Al contrario que la mayoría de los dinosaurios carnívoros, tenía una fila de pequeñas placas óseas a lo largo de la espalda llamadas "**osteodermos**", que actuaban como armadura de protección.

Este dinosaurio tenía fuertes mandíbulas con dientes muy largos y afilados. Los brazos eran muy pequeños, pero podía utilizarlos para agarrar y mantener a su presa.

CARACTERÍSTICAS DISTINTIVAS: dos crestas que protegen los ojos

SAURUS

Su nombre significa:
LAGARTO CON CUERNO

DÓNDE VIVIÓ:

América del Norte
Europa

SU PESO:

500 kg (1.100 libras)

SU TAMAÑO:

entre 5 y 7 m (16,5-23 pies) de longitud

¿Dinosaurios rivales?

Los fósiles del *Cetosaurus* se han encontrado junto a otros dinosaurios carnívoros grandes, incluido el famoso *Allosaurus*. Los paleontólogos se preguntan cómo dos depredadores grandes podían coexistir en el mismo entorno, y si competían entre ellos por la comida. Por supuesto, no hay forma de estar seguros, por lo que solo se pueden hacer hipótesis. Puede que tuvieran estrategias diferentes de caza. Los *Cetoraurus* eran más adeptos a la caza de presas acuáticas, como peces, cocodrilos y tortugas, mientras que los *Allosaurus* preferían los dinosaurios herbívoros.

CUÁNDO VIVIÓ:

hace 153-148 millones de años

| TRIÁSICO | JURÁSICO | CRETÁCICO |

¿Arma o decoración?

Una de las características más conocidas de los *Cetosaurus* es el cuerno nasal, pero ¿para qué lo utilizaban? Al principio se pensaba que era un arma tanto para atacar como para defenderse, pero ahora se cree que fue improbable. En su lugar, el cuerno habría sido utilizado para los combates entre *Cetosaurus* machos para **acceder a las hembras**. Hay algunos expertos que piensan que el cuerno era solo decoración que se utilizaba en las exhibiciones de apareamiento, como el abanico de la cola de un pavo real. En caso de ser cierto, también sería muy colorido.

ICTHYOV

El *Ichthyovenator* es un dinosaurio **espinosáurido** y, por tanto, pariente asiático del posterior y gran *Spinosaurus*. Ambos comparten varias características, por ejemplo, una vela dorsal, patas fuertes con garras afiladas en los dedos de las manos y de los pies, y un hocico alargado y delgado: al menos eso se cree, ya que nunca se ha encontrado el cráneo de un *Ichthyovenator*. El hocico y los dientes con forma de cono, sin terminaciones afiladas ni serradas, eran perfectos para cazar presas mojadas y resbaladizas, como peces u otros animales acuáticos, de ahí su nombre.

eNATOR

Su nombre significa:
CAZADOR DE PECES

DÓNDE VIVIÓ:

CARACTERÍSTICAS DISTINTIVAS:
una vela dividida en dos

SU PESO:

2.400 kg (2,4 toneladas)

SU TAMAÑO:

10 m (33 pies) de longitud

CUÁNDO VIVIÓ:

hace 125-113 millones de años

| TRIÁSICO | JURÁSICO | CRETÁCICO |

UNA VELA DIVIDIDA EN DOS

La vela dorsal del *Ichthyovenator* tenía una altura de unos 0,5 m (1,5 pies) y una forma peculiar que lo diferenciaba del resto de espinosaúridos: era ondulada, se hundía hacia abajo en las caderas y el comienzo de la cola y terminaba a la mitad. Se ha debatido mucho sobre su uso, pero en la actualidad la hipótesis más reconocida es que se utilizaba para **exhibiciones de apareamiento.**

ADAPTACIONES ACUÁTICAS

Si consideramos la capacidad del *Ichthyovenator* para cazar animales acuáticos, solo es adecuado preguntarse cuánto tiempo de su vida pasó cerca de ríos o masas de agua. Como otros espinosaúridos, el *Ichthyovenator* tuvo varias adaptaciones que le hicieron apto para entornos acuáticos, como huesos "más pesados" que los de otros dinosaurios y una cola que podía utilizar para **nadar.**

SPINOSA

Los primeros fósiles de *Spinosaurus* se desenterraron en la arena del desierto egipcio en 1912. Fueron descritos tres años después por el paleontólogo alemán, Ernst Stromer, quien le puso nombre al dinosaurio por las **enormes espinas** de sus vértebras dorsales. Pronto se identificó que este dinosaurio era diferente a otros depredadores grandes que se habían encontrado, ¡pero Stromer no pudo llegar a imaginar cuanto! Además de las vértebras, se encontraron otros restos, incluyendo varios dientes, algunas costillas y un fragmento de mandíbula. Por desgracia, este esqueleto fue destruido por completo en los bombardeos de Múnich durante la noche del 24 al 25 de abril de 1944, al destruirse el Museo Paleontológico donde se encontraba. El *Spinosaurus*, que había emergido de la arena 32 años antes, fue reducido a cenizas. Durante los siguientes años, se descubrieron fósiles nuevos en África del Norte, pero solo dientes y algunos fragmentos óseos pequeños.

URUS

Su nombre significa:
LAGARTO ESPINOSO

DÓNDE VIVIÓ:

África

CARACTERÍSTICAS DISTINTIVAS:
una vela alta en la espalda y una aleta de cola

SU PESO:
7.000 kg (7 toneladas)

SU TAMAÑO:
15 m (49 pies) de longitud

CUÁNDO VIVIÓ:
hace 100-93 millones de años

TRIÁSICO	JURÁSICO	**CRETÁCICO**

En 1970 se desenterró un hocico de 1 m (3 pies) de longitud, pero no fue hasta 2008-2020 cuando se reveló al mundo la verdadera apariencia del *Spinosaurus*.
Varias excavaciones en el desierto de Marruecos realizadas por un equipo internacional de paleontólogos, muchos de ellos italianos, sacaron a la luz el esqueleto de *Spinosaurus* más completo.

El mayor depredador jamás conocido era **cuadrúpedo** y estaba muy adaptado a la vida acuática: tenía un hocico similar al de un cocodrilo con sensores de presión para detectar a la presa en el agua turbia; una boca llena de dientes cónicos perfectos para capturar peces; patas delanteras robustas con dedos con garras para sujetar

67

a las presas resbaladizas; pies palmeados, y una cola en forma de aleta que lo convertía en un nadador excelente, a diferencia de cualquier otro dinosaurio.

Esta nueva información hizo posible resolver un problema conocido como "**Acertijo de Stromer**": normalmente, eran más herbívoros que carnívoros, pero parece haber sido al contrario en el desierto del norte de África, donde la presencia de dos depredadores grandes como el *Spinosaurus* y el *Carcharodontosaurus* (un carnívoro tan grande como un *T.rex*) era difícil de explicar. Sin embargo, si el *Spinosaurus* era un cazador acuático y el *Carcharodontosaurus* era un cazador de tierra, tiene sentido: ninguno podría haber invadido el territorio del otro, o comido a su presa.

Una cola poco frecuente

Sin duda, la característica más extraordinaria del *Spinosaurus* es la cola. Las vértebras son completamente diferentes a las de cualquier otra cola de dinosaurio encontrada: tiene una columna vertebral en la parte superior, de unos 60 cm (24 pulgadas) de largo, por lo que la cola es muy parecida a la cola aleteada de un tritón crestado, pero mide 1 m (3 pies) de alto. El *Spinosaurus* fue el primer dinosaurio en tener una aleta real, adecuada para nadar en las aguas del sistema fluvial turbio que ocupaba gran parte de África del Norte en el Cretácico.

La vela

El *Spinosaurus* tenía la vela más grande de todos los espinosaúridos, con una altura máxima de más de 2 m (6,5 pies). Los paleontólogos estudian su función desde que fue descubierta, realizando hipótesis sobre su uso: podría haberse utilizado para ayudar a regular la temperatura del cuerpo del dinosaurio e incluso para almacenar grasas. Los estudios recientes han confirmado que era una vela delgada, pero han descartado que se utilizara para la termorregulación. Hoy en día, se cree que la cola del *Spinosaurus* se utilizaba para el reconocimiento de especies, las exhibiciones de apareamiento o para parecer más grandes con el objetivo de intimidar a aquellos que invadieran su territorio de pesca.

BARYON

CARACTERÍSTICAS DISTINTIVAS: una garra larga en cada mano

YX

Su nombre significa:
GARRA PESADA

DÓNDE VIVIÓ:

Europa

SU PESO:

1.200-1.700 kg
(1,2-1,7 toneladas)

SU TAMAÑO:

7,5 -10 m (24,4-33 pies)
de longitud

CUÁNDO VIVIÓ:

hace 130-125 millones de años

| TRIÁSICO | JURÁSICO | **CRETÁCICO** |

El *Barynoyx* es un género de dinosaurio espinosáurido, cuyos primeros fósiles se encontraron en Inglaterra en 1983 y después en la Península Ibérica.
El ejemplar británico de este dinosaurio carnívoro se convirtió en una "estrella" porque era el esqueleto más grande y completo que se había encontrado desde hace décadas en Reino Unido.

Las características distintivas que convertían al *Baryonyx* en un ser único en esa época eran el hocico delgado y cónico, con un tamaño menor a 1 m (3 pies), los fuertes brazos y las potentes manos con tres dedos y garras largas. También tenía una pequeña **cresta triangular** en el cráneo.

Al igual que el *Spinosaurus*, la mandíbula del *Baryonyx* era más estrecha en la parte frontal, y la punta del hocico se expandía hacia los laterales en forma de roseta. Sin embargo, al contrario que su pariente más grande, los dientes superiores eran diferentes a los inferiores: los dientes cónicos, curvados y finamente dentados en el maxilar eran mucho más grandes y espaciados que los de la mandíbula. Esto, unido a la longitud y la estructura distintiva de su cráneo, sugiere que el *Baryonyx* se **alimentaba de peces**.
Esta teoría fue probada cuando se encontraron escamas semidigestivas y dientes de un pez en su esqueleto, aunque también había restos de un ejemplar joven de *Iguanodon*, por lo que algunos expertos creen que también se podría haber alimentado de carroña.

UNA GARRA PESADA

Los paleontólogos decidieron darle nombre a este dinosaurio después de encontrar una gran garra junto al esqueleto: era curva, puntiaguda y medía 31 cm (12 pulgadas). Pero había un problema: no se sabía con exactitud si pertenecía a las patas delanteras o traseras.

Además, al principio se cometió el error de pensar que era muy parecida a la garra de un *Velociraptor*. Estudios posteriores confirmaron que pertenecía al primer dedo de la mano. ¿Para qué se usaba? Puede que para agarrar peces en el agua, sujetar a los más grandes y **desgarrar carroña**.

¿Bípedo o cuadrúpedo?

El conocimiento sobre cómo se movían los *Spinosaurus* siempre ha sido un debate: son dinosaurios muy "largos" con brazos muy fuertes. Cuando se descubrió al *Baryonyx*, algunos expertos especularon que podría haber caminado con las cuatro patas. Este hecho fue más impulsado en 2014, cuando se demostró que el *Spinosaurus* tenía el centro de gravedad inclinado hacia delante, pues era necesario para mantener el peso de sus brazos. Sin embargo, otro espinosáurido, el *Suchomimus*, que mantenía una relación cercana con el *Baryonyx*, tenía las patas traseras tan largas que le **habría sido imposible caminar como un cuadrúpedo**, por lo que es probable que el *Baryonyx* tampoco pudiera.

AUSTRO

El *Austroraptor* es el dromeosáurido más grande que se ha encontrado en América del Sur, y tiene muchas características que lo hacen único entre el resto de los miembros de este grupo. Sus brazos son muy cortos comparados con los de otros dromeosáuridos, y el cráneo es bastante estrecho y alargado, lo que indica que los músculos de la mandíbula estaban subdesarrollados y, por tanto, tenían una fuerza de mordida más débil. Por último, al contrario que otros dromeosáuridos, los dientes no eran dentados ni aplanados lateralmente, sino que eran cónicos, adecuados para sujetar presas resbaladizas, pero no para desgarrar carne.

Es posible que el *Austroraptor* fuera un depredador de solo un tipo de presa. Sus brazos subdesarrollados sugieren que este dinosaurio no cazaba presas grandes, sino animales pequeños pese a su gran tamaño. El *Austroraptor* dependía de su velocidad para perseguir a las presas y las atacaba desde atrás, sujetándolas con las grandes garras de sus patas traseras. Puede que el *Austroraptor* también utilizara las garras para pescar peces en aguas poco profundas, donde podía cogerlos con los dientes y llevarlos a la costa. Una vez allí, usaría de nuevo las garras para cortarlos en pequeños trozos, ya que eran más fáciles de tragar.
El *Austroraptor* también podría haber sido un carroñero, utilizando su tamaño para alejar a los cazadores más pequeños de sus presas y utilizando su velocidad para escapar de los más grandes.

RAPTOR

Su nombre significa:
LADRÓN DEL SUR

DÓNDE VIVIÓ:

América del Sur

SU PESO:

300 kg (660 libras)

SU TAMAÑO:

5 m (16,4 pies) de longitud

CARACTERÍSTICAS DISTINTIVAS:
brazos bastante cortos

CUÁNDO VIVIÓ:

hace 70 millones de años

| TRIÁSICO | JURÁSICO | CRETÁCICO |

LOS GIGANTES DE LA FAMILIA

Durante mucho tiempo, los paleontólogos pensaron que los dinosaurios que pertenecían al grupo de los dromeosáuridos no tenían gran tamaño. Todo cambió en 1993 cuando se presentó al mundo a un *Utahraptor*: era un gran dromeosáurido de 7 m (23 pies), pesaba media tonelada y tenía una garra grande en forma de hoz de 24 cm (9,5 pulgadas) (que podría ser más grande en los animales vivos, porque, como todas las garras, estaba cubierta por una capa de queratina, la misma sustancia de la que están hechas las uñas en la actualidad). Se encontró unos años más tarde que el *Autroraptor*, que medía 5 m (16,5 pies) y añadía otro gigante al grupo.

Los brazos son más cortos que los de otros parientes más pequeños y, en términos de proporción, recuerdan a los del *Allosaurus*.

Esto confirma un hecho que se ha observado en algunos dinosaurios carnívoros: cuanto más grande es el cuerpo, más cortos son los brazos.

ACROCANT

HOSAURUS

Su nombre significa:
LAGARTO DE ESPINAS ALTAS

DÓNDE VIVIÓ:

América del Norte

SU PESO:

6 toneladas

SU TAMAÑO:

11,5 m (37,7 pies) de longitud

CARACTERÍSTICAS DISTINTIVAS:
una cresta en la espalda

CUÁNDO VIVIÓ:

hace 100-70 millones de años

TRIÁSICO	JURÁSICO	CRETÁCICO

El *Acrocanthosaurus* es uno de los dinosaurios carnívoros más grandes. Solo su cabeza mide alrededor de 1,3 m (4,5 pies): **es enorme**. Tiene dos crestas en el hocico, desde la nariz hasta la parte de encima de los ojos, y la mandíbula tiene treinta y ocho dientes curvos agrupados muy juntos.

Pero las características más distintivas del *Acrocanthosaurus* son las vértebras del cuello, la espalda y la parte superior de la cola: su forma y tamaño sugieren que el dinosaurio tenía una **cresta** enorme **en la espalda**. Su función no está clara: podría haberse utilizado para almacenar grasa o quizá como mecanismo para controlar la temperatura del cuerpo; o puede que fuese una especie de "adorno" utilizado para el reconocimiento entre especies.

La estructura de las patas traseras sugiere que el *Acrocanthosaurus* no era un gran corredor. Sin embargo, se cree que fue un **cazador** gracias a su gran tamaño. Su gran arma era la boca, la cual utilizaba para atacar a su presa antes de agarrarla y sujetarla con los brazos. El *Acrocanthosaurus* convivió con diferentes dinosaurios, y fue el depredador más grande en su hábitat: su presa incluía saurópodos, como ejemplares jóvenes del gigante *Sauroposeidon*, un dinosaurio de "cuello largo" que era pariente del conocido *Brachiosaurus*.

Dentro de la cabeza de un dinosaurio

En 2005 los paleontólogos realizaron un TAC (un examen médico) al cráneo de un *Acrocanthosaurus*. Querían ver cómo era por dentro e intentar reconstruir el tamaño y la forma de su cerebro. Descubrieron que el cerebro **tenía forma de S**, muy parecida a la de los cocodrilos actuales, y que poseía una zona muy grande dedicada al olor (el bulbo olfativo).

¿Era el *Acrocanthosaurus* un bailarín?

En 2016 se encontró un conjunto extraño de **huellas alargadas** en Estados Unidos. Al principio, los paleontólogos no sabían qué era: tras analizarlas con detalle, descubrieron marcas dejadas por garras. Eran huellas de dinosaurios carnívoros grandes, aunque tenían una forma poco habitual, como si hubieran raspado el suelo. Las huellas eran muy parecidas a las que dejan las aves cuando "arañan" el suelo con las garras durante los rituales de apareamiento. Por tanto, podría ser la primera prueba fósil de **"bailes de apareamiento"** realizados por los reptiles gigantes del pasado. ¿Qué dinosaurio dejó dichas huellas? Si se tiene en cuenta el lugar donde se encontraron, el tamaño y el periodo del que son, el Cretácico, podrían ser perfectamente de un *Acrocanthosaurus*.

GALLIMI

El *Gallimimus* se encontró en Mongolia y, al igual que el *Struthiomimus* americano, forma parte del gran grupo de dinosaurios que los paleontólogos llaman "ornitomimosaurios": dinosaurios parecidos a las aves grandes, como el avestruz o el emú. Sin embargo, al contrario que éste último, el *Gallimimus* tiene una cola larga, útil para mantener el equilibrio mientras corre, brazos largos y tres dedos con garras rectas, no demasiado afiladas. La estructura de las patas traseras muestra que este dinosaurio fue un corredor hábil, tal vez el más rápido de su tiempo. Esta capacidad era útil para escapar de posibles depredadores, a quienes podía detectar con facilidad gracias a sus grandes ojos situados a los laterales de la cabeza.

CARACTERÍSTICAS DISTINTIVAS: brazos largos y fuertes

MUS

Su nombre significa:
SIMILAR A UNA GALLINA

DÓNDE VIVIÓ:

Asia

SU PESO:

entre 450 y 500 kg
(990-1100 libras)

SU TAMAÑO:

6 m (20 pies) de longitud

¿Solitario o parte de un grupo?

Se han encontrado muchos fósiles de *Gallimimus*, tanto de jóvenes como de adultos, pero nunca juntos. Esto podría sugerir que vivían en hábitats solitarios, sin embargo, se encontraron 3 adultos y 11 jóvenes de ornitomimosaurios de especies similares juntos, lo que podría ser una evidencia de que los *Gallimimus* también vivían en grupo.

CUÁNDO VIVIÓ:

hace 72-68 millones de años

| TRIÁSICO | JURÁSICO | CRETÁCICO |

Dieta poco conocida

La estructura distintiva del cráneo de un *Gallimimus*, con el pico desdentado cubierto por una vaina córnea similar a la del pico de un pato, ha dificultado conocer qué comía exactamente este dinosaurio. Es muy probable que fueran animales terrestres como pequeños reptiles o insectos, pero también plantas y moluscos, los cuales encontraría cerca de cuencas de agua dulce que estuvieran en su hábitat natural. Esto indica que el *Gallomimus* era, básicamente, un dinosaurio omnívoro.

TYRANNO

Sin duda, el *Tyrannosaurus* es el dinosaurio más famoso del mundo. Su fama se debe a la **literatura** y a las **películas**, donde suele tener el papel principal, aunque muchas veces se retrata de forma negativa como el "**chico malo**". Todo el mundo conoce su nombre científico: *Tyrannosaurus rex*, aunque normalmente se le llama por su nombre de pila, *T.rex*. El primer esqueleto fue encontrado a principios del siglo XX, y desde entonces se han localizado unos cincuenta más, algunos de ellos casi completos. Aquí se incluye "Stan" (1987), el cual se subastó en 2020 a un comprador anónimo por **31,8 millones de dólares**, "Sue" (1990), quien parece ser el ejemplar más mayor a sus 28 años, y "Scotty" (1991), el más grande encontrado, con una longitud aproximada de 14 m (46 pies).

El *Tyrannosaurus* era bípedo, tenía patas traseras largas y fuertes, brazos muy cortos, pero musculados, y solo dos dedos en la mano.

CARACTERÍSTICAS DISTINTIVAS:
el bocado más fuerte de todos los mamíferos de tierra

SAURUS

Su nombre significa:
LAGARTO TIRANO

DÓNDE VIVIÓ:

América del Norte

SU PESO:

más de 9 toneladas

SU TAMAÑO:

12,5 -14 m (41-46 pies) de longitud

CUÁNDO VIVIÓ:

hace 70-66 millones de años

| TRIÁSICO | JURÁSICO | CRETÁCICO |

No se conoce con exactitud para qué utilizaban los brazos, pero la hipótesis más sostenida es que los podrían haber utilizado para poder levantarse con las patas traseras. El cráneo podía alcanzar una longitud de casi 1,5 m (5 pies) y la boca **tenía casi sesenta dientes**, los cuales podían medir más de 30 cm (12 pulgadas): tenía el bocado más fuerte de todos los dinosaurios terrestres, y era capaz de aplastar un coche. Existen muchos fósiles relacionados con el *Tyrannosaurus*, como el *Yutyrannus*, que muestra claras evidencias de plumas, lo que sugiere que puede que algunas partes del cuerpo del *T.rex* también tuvieran plumas, aunque nunca se ha encontrado una prueba evidente.

UNA MAMÁ ASUSTADA

En 2016 se encontró un tejido óseo llamado "**hueso medular**" con 68 millones de años de antigüedad. El fémur de un *T.rex*. El investigador no se lo podía creer: en la actualidad, los huesos medulares solo se encuentran en las aves hembra antes y durante la puesta de huevos, y funcionan como almacén de calcio para la producción de cáscaras de huevo. Solo hay una explicación: el ejemplar había fallecido mientras los huevos se formaban en su abdomen y, por lo tanto, estaba viendo el hueso de una "mamá" *Tyrannosaurus*.

¿**D**EPREDADOR O CARROÑERO?

Existen dos hipótesis sobre la dieta del *T.rex*: hay quienes creen que era un hábil cazador y quienes dicen que era un **carroñero**, es decir, que comía carroña. La duda sobre cómo conseguía la comida se debe a los resultados de estudios sobre su capacidad para correr y su cerebro: la estructura de sus patas traseras indica que podría haber sido un ágil corredor, y la parte del cerebro que regula el sentido del olfato estaba muy desarrollada, una característica que significa que podía detectar carroña a larga distancia. Por otro lado, aunque no era veloz, probablemente era más rápido que sus presas, como el *Triceratops* y el *Hadrosaur*, y poseía una **vista increíblemente aguda**, incluso más que la de un halcón, ideal para un depredador. En 2014 se encontró un conjunto de huellas en Canadá, las cuales podrían pertenecer a un grupo de tiranosáuridos que iban juntos, y este descubrimiento podía ser la prueba de que cazaban en grupo. Es probable que el *Tyrannosaurus* fuese un **carnívoro oportunista**, es decir, aunque cazaba "carne fresca", no se negaba a aceptar cadáveres y carroña. Parece que también era caníbal: en 2010 se encontraron marcas de dientes en los huesos del pie de un *T.rex*, y eran compatibles con los dientes de su misma especie. El hecho de que podría haber sido complicado morder los pies durante un combate sugiere que se trataba de canibalismo sobre ejemplares ya muertos.

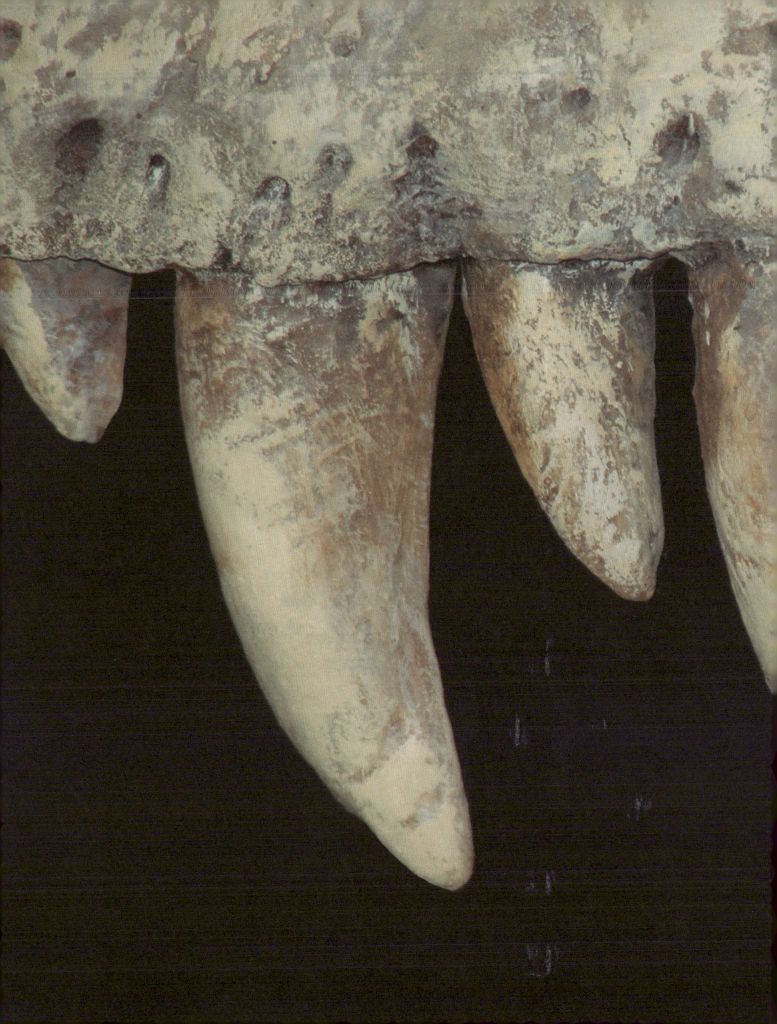

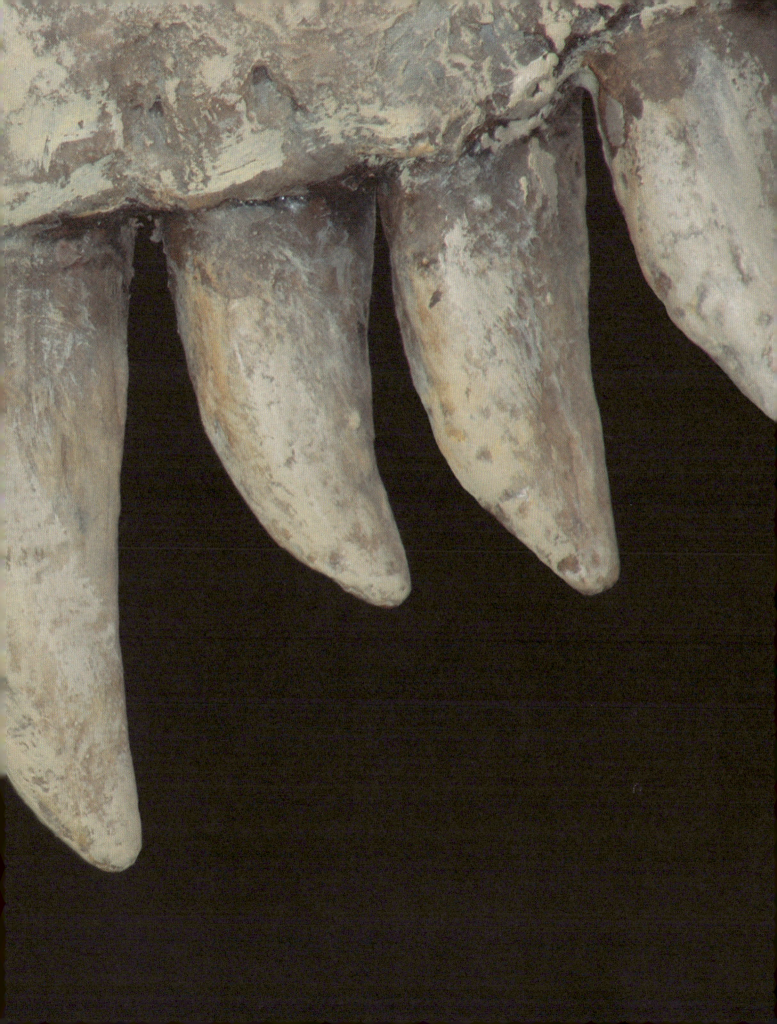

ARCHAEO

CARACTERÍSTICAS DISTINTIVAS: alas con tres dedos con garras

PTERYX

Su nombre significa: **ALAS ANTIGUAS**

DÓNDE VIVIÓ:

Europa

SU PESO:

1 kg (2,2 libras)

SU TAMAÑO:

30 -50 cm (12-20 pulgadas) de longitud

CUÁNDO VIVIÓ:

hace 150-148 millones de años

| TRIÁSICO | JURÁSICO | CRETÁCICO |

Todos los fósiles de *Archaeopteryx* se han encontrado en Alemania. El primero data de 1861, mientras que el ejemplar más famoso y mejor conservado fue desenterrado en 1877: un esqueleto completo con claras impresiones de plumas. El fósil parecía una mezcla entre un dinosaurio y un ave y, de hecho, el cuerpo del *Archaeopteryx* estaba cubierto con plumaje y plumas de vuelo.

Era capaz de volar, aunque sus alas tenían tres dedos visibles, cada uno con una garra afilada. Su hocico era muy parecido a un pico, pero, al contrario que un ave, estaba repleto de dientes pequeños y puntiagudos. La cola estaba llena de plumas y se utilizaba para **proporcionar estabilidad durante el vuelo**, aunque tenía varias vértebras, como las de otros dinosaurios.

Es probable que **viviera en árboles**, utilizara las garras para escalar por el tronco y volara de árbol en árbol. Se supone que comía insectos, gusanos y cadáveres.

Plumaje y plumas

Estudios detallados de los fósiles muestran que las plumas del vuelo y las plumas de la cola del *Archaeopteryx* eran casi idénticas a las de las aves actuales. Sin embargo, las plumas del cuerpo se parecían más a las estructuras de filamento primitivas encontradas en otros dinosaurios.

No tiene plumaje en la parte superior del cuello ni en la cabeza. Existen dos hipótesis: algunos científicos creen que el *Archaeopteryx* tenía la cabeza "**calva**" (como los buitres), mientras que la mayoría de los paleontólogos están convencidos de que sí había plumas en esas zonas del cuerpo, pero no se han conservado. Esta teoría surge del lugar en el que se han encontrado los fósiles de *Archaeopteryx*: la mayoría se ha localizado en depósitos marinos, transportados allí después de haber muerto. Permanecer en ambientes acuáticos durante mucho tiempo habría dado como resultado que la piel se ablandara y que las pequeñas plumas que cubrían la cabeza y el cuello cayeran, dejando intacto el plumaje más largo y firme adherido a las alas y la cola.

Un esqueleto en 3D

Durante mucho tiempo, los paleontólogos se han preguntado si el *Archaeopteryx* podía volar: algunos pensaron que solo podía planear y que, por tanto, no podía agitar las alas. Gracias a la reconstrucción en 3D de los huesos de las alas, fue posible descubrir que los huesos eran más finos que los de los dinosaurios que se movían por la tierra y se parecían más a los de las aves actuales, en concreto, a los faisanes, que solo pueden volar en ráfagas cortas para superar obstáculos o escapar de los depredadores.

Por tanto, el *Archaeopteryx* era capaz de volar de forma activa, pero solo **distancias cortas** y agitaba las alas de forma diferente a las aves. Sin embargo, se necesitan más estudios para entender con precisión cómo las agitaban.

LOS HERBÍVO

Los dinosaurios herbívoros solían ser cuadrúpedos, aunque algunos podían moverse rápido solo con las patas traseras. Tenían distintas formas de protección para defenderse de los ataques de sus depredadores. Algunos de estos dinosaurios tenían cuernos enormes y puntiagudos, crestas óseas en el cuello, colas con pinchos o en forma de mazo, armadura craneal, o placas óseas que cubrían el cuerpo. Sin embargo, otros no poseían armas de defensa concretas, excepto su gran tamaño: los Saurópodos de cuello largo han sido los animales terrestres más grandes que han existido en nuestro planeta. Había herbívoros pequeños y ágiles entre la vegetación tanto para buscar alimento como para esconderse de los depredadores.

Aunque se les conoce como herbívoros, ¡la mayoría nunca ha visto o comido una hoja de hierba! La hierba apareció a finales del periodo Cretácico, por lo que estos animales se alimentaban de otro tipo de vegetación como hojas, helechos y arbustos. Los últimos dinosaurios herbívoros fueron los únicos que probaron la hierba. Los paleontólogos han encontrado evidencias en algunas heces fosilizadas, llamadas "cropolitos", localizadas en India. Dentro de estos curiosos restos, que probablemente pertenecían a un Titanosaurio (dinosaurio de "cuello largo"), se han encontrado restos de hierbas, quizá las primeras que aparecieron en la Tierra.

Algunos fósiles de dinosaurios herbívoros, por ejemplo, los del *Psittacosaurus*, un pariente más antiguo y pequeño del *Triceratops*, muestran rastros de estructuras de filamentos como las que se encontraron en los dinosaurios carnívoros, y los paleontólogos creen que eran plumas primitivas. Al igual que sus parientes que comían carne, estas plumas les habrían ayudado a mantener la temperatura corporal y se habrían exhibido en los rituales de apareamiento. Los cuernos o cabezas crestadas también podrían haberse utilizado para conquistar a las hembras y, por eso, los científicos creen que eran coloridas, como los picos de las aves actuales.

ROS

> Su nombre significa:
> **COMEN HIERBA**

LOS DINOSAURIOS HERBÍVOROS SON LOS ANIMALES TERRESTRES MÁS GRANDES QUE HAN PISADO LA TIERRA. GRACIAS A SUS IMPRESIONANTES CUELLOS Y LARGAS COLAS, LOS GIGANTES SAURÓPODOS PODÍAN SUPERAR EL TAMAÑO DE DOS AUTOBUSES. ESTOS REPTILES HARÍAN QUE INCLUSO UN ELEFANTE, QUE ES EL ANIMAL MÁS GRANDE QUE EXISTE EN LA TIERRA ACTUALMENTE, PARECIERA MUY PEQUEÑO.

DIENTES
DE LOS HERBÍVOROS

EN LOS MAMÍFEROS, SE DICE QUE "DIENTES PUNTIAGUDOS = CARNÍVORO" Y "DIENTES LISOS = HERBÍVORO". SIN EMBARGO, EN LO QUE RESPECTA A LOS DINOSAURIOS, ES FÁCIL ENCONTRAR DIENTES AFILADOS EN LA BOCA DE DINOSAURIOS CARNÍVOROS, PERO LOS HERBÍVOROS CASI NUNCA TIENEN DIENTES LISOS.

Cada dinosaurio desarrolló dientes diferentes dependiendo del tipo de vegetación existente. De hecho, los dientes de los dinosaurios herbívoros son de distintas formas y tamaños, y no es raro que tengan superficies afiladas y dentadas.

El *Triceratops* tenía dientes muy pequeños, de unos 5-6 cm (2-2,5 pulgadas) de longitud, incluyendo la raíz. Su forma era triangular y los extremos afilados, perfectos para cortar las plantas más duras y fibrosas. Se organizaban en grupos, cada uno con cuarenta dientes. Por tanto, el *Triceratops* tenía muchos dientes, aunque no todos eran útiles ni se utilizaban para masticar.

Triceratops

El *Edmontosaurus*, que pertenece al grupo de los Hadrosáuridos o dinosaurios "pico de pato", poseía cientos de dientes parecidos a los del *Triceratops*, aunque eran más estrechos y largos, agrupados de forma que creaban una superficie grande y áspera: una especie de "rallador" que permitía cortar las plantas en secciones muy pequeñas, haciéndolas más fáciles de digerir.

Edmontosaurus

El *Camarasaurus*, al igual que otros Saurópodos (dinosaurios de cuello largo), tenía dientes largos, estrechos y fuertes con forma de cuchara y se reemplazaban constantemente, por lo que siempre eran eficaces. Esto nos lleva a pensar que se desgastaban porque el dinosaurio arrancaba de forma habitual ramas para obtener la gran cantidad de alimento que necesitaba.

Camarasaurus

El *Rebbachisaurus*, otro Saurópodo, tenía dientes con forma de clavija, muy útiles para arrancar hojas de los árboles. Sus dientes también eran "autoafilables": cuando un *Rebbachisaurus* abría y cerraba la boca, los dientes de arriba y los de abajo se rozaban, por lo que los extremos se afilaban constantemente.

Rebbachisaurus

Iguanodon

El *Iguanodon* debe su nombre a los dientes. Son muy parecidos a los de las iguanas actuales: ligeramente puntiagudos, pero dentados, adecuados para distintos tipos de plantas, desde pequeños arbustos a hojas de árboles.

97

ALAMOS

El *Alamosaurus* forma parte del grupo de los **saurópodos** grandes, que son dinosaurios cuadrúpedos con cuello largo. Nunca se ha encontrado el cráneo de este dinosaurio, pero se cree que era pequeño comparado con el tamaño del cuerpo. Sin embargo, se han localizado algunos dientes con forma de lápiz: se utilizaban como rastrillos para arrancar las hojas de los árboles, pero no para masticarlas. Se encontraron piedras pulidas en las cajas torácicas de varios esqueletos de *Alamosaurus*, las cuales, una vez tragadas, ayudaban a triturar los alimentos dentro del estómago.

El *Alamosaurus* vivió en la Tierra hace 66 millones de años, por lo que existió hasta el final de la era Mesozoica. Este hecho lo convierte en el último saurópodo y en uno de los últimos dinosaurios que vivió en América del Norte antes de la gran extinción masiva.

CARACTERÍSTICAS DISTINTIVAS: patas largas

AURUS

Su nombre significa:
LAGARTO DE OJO ÁLAMO

DÓNDE VIVIÓ:

América del Norte

SU PESO:

38 toneladas

SU TAMAÑO:

30 m (100 pies) de longitud

¿Migración extensa?

Todos los saurópodos norteamericanos grandes murieron hace 105 millones de años, pero 35-40 millones de años después, el *Alomosaurus* apareció de la nada. Sus fósiles se encontraron en Nuevo México en 1922, y más tarde en Utah, Wyoming y Texas. Algunos paleontólogos creen que el *Alamosaurus* migró de América del Norte a América del Sur cuando ambos continentes estaban unidos por el istmo de Panamá. Esta hipótesis se sostiene porque el *Alamosaurus* pertenece a la familia del saurópodo Titanosaurio, que era muy común en América del Sur durante el periodo Cretácico.

CUÁNDO VIVIÓ:

hace 70-66 millones de años

| TRIÁSICO | JURÁSICO | CRETÁCICO |

El gigante del Big Bend

En 1999 se encontraron diversos huesos de dinosaurios gigantes en una ladera del Parque Nacional de Big Bend (Texas). Tras una excavación precisa, la ladera reveló huesos pélvicos parciales y diez vértebras cervicales de un *Alomosaurus* adulto. Este ejemplar parecía ser enorme, medía más de 30 m (100 pies).
Debido al gran tamaño y a la ubicación remota del lugar, fue imposible retirar los huesos a mano, por lo que el Parque emitió un permiso especial al equipo de excavación para retirarlos en helicóptero.

PUERTA

El *Puertasaurus* es, con probabilidad, uno de los dinosaurios saurópodos más grandes que se han encontrado. Se describió por primera vez en 2005 y lleva el nombre de Pablo Puerta, uno de los investigadores de fósiles que lo descubrió en 2001.

CARACTERÍSTICAS DISTINTIVAS:
vértebras enormes

Solo se han encontrado cuatro vértebras: una vértebra del cuello, una dorsal y dos de la cola. Estos huesos son el 3% del esqueleto, y solo está completa la vértebra dorsal. Sin embargo, lo que más fascina a los paleontólogos es su tamaño: la más grande mide 1,06 m (3,5 pies) de largo y 1,68 m (5,5 pies) de ancho. Estas dimensiones indican que son las vértebras más grandes de saurópodo encontradas hasta la fecha. Se asume que el cuello era lo suficientemente flexible como para buscar ramas que tuviera detrás, de hasta 15 m de altura, sin necesidad de mover todo el cuerpo.

SAURUS

Su nombre significa:
LAGARTO DE PUERTA

DÓNDE VIVIÓ:

América del Sur

SU PESO:

entre 45 y 55 toneladas

SU TAMAÑO:

30 m (100 pies) de longitud

CUÁNDO VIVIÓ:

hace 83-66 millones de años

| TRIÁSICO | JURÁSICO | CRETÁCICO |

Tamaño Estimado

Hay muy pocos restos del *Puertosaurus*, por lo que es difícil reconstruir el aspecto del dinosaurio. Se puede calcular la longitud y el peso gracias a otros dinosaurios parecidos y más completos, como el *Argentinosaurus* y el *Futalognkosaurus*. Aun así, nunca es fácil crear una hipótesis, en especial, en lo que respecta al peso: de hecho, nunca se han conservado estructuras de tejido blando. Los paleontólogos han cambiado la estimación sobre su peso en diversas ocasiones, de 100 toneladas a 60 y, actualmente, entre 45-55.

TRICERA

El *Triceratops* es el dinosaurio herbívoro más famoso, al igual que el *T.rex*, quien ocupa un lugar de honor en el panteón de los carnívoros. Además de su fama, el *Triceratops* también compartía su hábitat con el temible depredador y, probablemente, era una de sus presas favoritas. En 1887, cuando se descubrió el primer *Triceratops*, el famoso paleontólogo Othniel Charles Marsh lo confundió con un bisonte prehistórico. En su defensa, Marsh solo tenía la parte superior del cráneo, que poseía tres cuernos y, lo más importante, pensaba que las rocas de las que se extrajo tenían menos de 3 millones de años, por lo que era imposible que fuese un dinosaurio. Cambió de opinión cuando se descubrieron otros ejemplares. En la actualidad existen docenas y docenas de *Triceratops* pertenecientes a todos los grupos de edad, desde crías hasta ancianos. Además de los dos cuernos orientados hacia delante situados encima de los ojos, el *Triceratops* tenía un tercer cuerno más pequeño encima de sus grandes y redondos orificios nasales. En la zona trasera de su cráneo macizo y robusto poseía una especie de volante óseo.

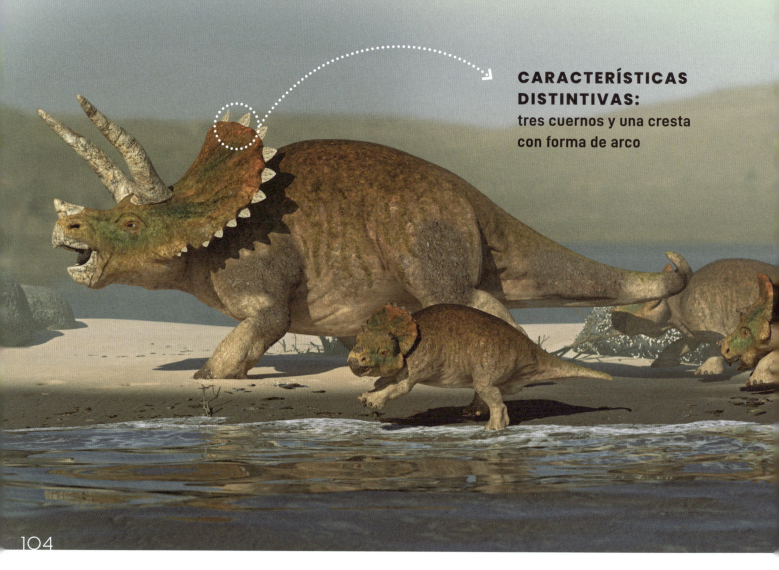

CARACTERÍSTICAS DISTINTIVAS:
tres cuernos y una cresta con forma de arco

TOPS

Su nombre significa:
CARA CON TRES CUERNOS

DÓNDE VIVIÓ:

América del Norte

La parte delantera de la boca formaba un pico con muchos dientes, hasta 800, organizados en grupos de columnas que contenían 5 dientes apilados, lo que creaba una superficie irregular, adecuada para comer plantas duras y fibrosas. El gran número de fósiles de *Triceratops* demuestra la dureza de sus huesos, que eran más fáciles de conservar, y la alta difusión de este dinosaurio.

SU PESO:

6-8 toneladas

SU TAMAÑO:

8-9 m (26-30 pies) de longitud

CUÁNDO VIVIÓ:

hace 68-66 millones de años

| TRIÁSICO | JURÁSICO | CRETÁCICO |

105

¿DEFENSA, ATAQUE O DECORACIÓN?

Se cree que los cuernos distintivos y el gran volante óseo del *Triceratops* se utilizaban como armas en combate con otros dinosaurios: para defenderse de otros depredadores, o en luchas con miembros de su misma especie. Estas hipótesis derivan del descubrimiento de signos de heridas en estas estructuras concretas. Sin embargo, ahora se piensa que algunas (no todas) de estas heridas son resultado de una enfermedad. Los nuevos estudios que se han llevado a cabo sobre la estructura ósea del volante, los cuernos y el cráneo en general hicieron posible ver que estaban cubiertos con capas de queratina (como nuestras uñas), por lo que cambia la idea de la función del volante y los cuernos. Dicha sustancia se encuentra en el pico y la cabeza de muchas aves actuales, que coincide con zonas muy coloridas: es probable que el *Triceratops*, al igual que otros dinosaurios emparentados con él, tuvieran más color del que creemos, y el volante y los cuernos fuesen solo decoración para el reconocimiento de especies, la comunicación y la exhibición visual durante el cortejo.

SOCIALES, PERO NO DEMASIADO

Durante mucho tiempo se creía que los *Triceratops* vivían en manada, como los rinocerontes, trabajando juntos para proteger a los ejemplares más jóvenes. Sin embargo, no existen pruebas reales de que el *Triceratops* fuese un animal social como otros ceratópsidos: aunque se han encontrado varios fósiles, siempre han sido ejemplares solitarios. Solo se han encontrado en grupo en un par de sitios: 3 jóvenes en Montana, y dos adultos, cuyo sexo es desconocido, y una cría en Wyoming.

TOROSA

CARACTERÍSTICAS DISTINTIVAS: un collar muy alargado en la parte posterior

URUS

Su nombre significa: LAGARTO PERFORADO

DÓNDE VIVIÓ:

América del Norte

SU PESO:

6 toneladas

SU TAMAÑO:

8-9 m (26-30 pies) de longitud

CUÁNDO VIVIÓ:

hace 68-66 millones de años

| TRIÁSICO | JURÁSICO | **CRETÁCICO** |

El *Torosaurus* pertenece a la familia de ceratópsidos, es decir, dinosaurios con cuernos en la cara, del que el *Triceratops* también forma parte. Ambos tienen algunas características en común, como los dos cuernos sobre los ojos y el volante córneo que se extiende desde la parte posterior del cráneo hasta el cuello y los hombros. Sin embargo, a diferencia de su pariente más famoso, el volante del *Torosaurus* tiene dos agujeros extensos, y es mucho más grande, tanto que el cráneo puede alcanzar una longitud de más de 2,5 m (8 pies), lo que lo convierte en uno de los animales terrestres más grandes. El cuerno nasal también es diferente: el del *Torosaurus* es muy pequeño, o está completamente ausente. Su nombre se suele traducir como "lagarto toro" por la palabra latina "*taurus*", pero cuando el paleontólogo O.C. Marsh escogió el nombre en 1891, probablemente lo hizo pensando en la palabra griega "*toreo*", que significa "perforar". Por desgracia, nunca especificó el verdadero significado del nombre. Se cree que los cuernos y el volante del *Torosaurus* también servían como exhibición visual entre su especie y, por tanto, debían ser muy coloridos. Sin embargo, no es probable que los agujeros del volante fuesen visibles cuando el animal vivía, ya que estaban cubiertos de piel.

¿TOROSAURUS O TRICERATOPS?

Algunos paleontólogos han especulado que el *Torosaurus* es un *Triceratops* adulto. De hecho, pensaban que el volante crecía con la edad, y que los dos agujeros eran una forma de hacerlo más ligero. Otros expertos no están de acuerdo con esta hipótesis porque, si fuese verdad, no habría *Torosaurus* jóvenes y ya se encontró uno en el siglo XIX, el cual ha sido analizado hace poco y tenía características que no eran de adulto. Por tanto, de momento estos dos ceratópsidos siguen siendo dos dinosaurios muy diferentes.

INCLUSO UN DEPREDADOR COMO EL *TYRANNOSAURUS* PUEDE SUFRIR LAS ARMAS DEFENSIVAS DE SU PRESA.

EINIOSA

La característica más distintiva del *Einiosaurus* era el cuerno nasal curvo hacia delante, completamente distinto al de los otros dinosaurios de este grupo. También tenía un volante de cuello óseo con un par de espinas largas curvadas hacia atrás, mientras que los dos cuernos redondeados de las cejas estaban tan bajos que apenas eran visibles. Puede que el cuerno extraño del hocico fuese un arma de defensa o se utilizara para las exhibiciones de apareamiento. Los paleontólogos han sugerido que el volante óseo, que probablemente estaba cubierto de queratina de colores brillantes (como el del *Triceratops*), también se podría haber utilizado en rituales de apareamiento o para reconocer a los ejemplares de su misma especie. El hecho de que el volante tuviera dos grandes agujeros indica que no era lo suficientemente sólido como para ser un escudo de defensa eficaz. Sin embargo, se podría haber utilizado para asustar a los depredadores y puede que sus espinas lo hubieran protegido en combate.

> **CARACTERÍSTICAS DISTINTIVAS:**
> un cuerno orientado hacia delante

URUS

Su nombre significa:
LAGARTO BÚFALO

DÓNDE VIVIÓ:

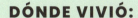

América del Norte

SU PESO:

1,3 toneladas

SU TAMAÑO:

4,5 m (15 pies) de longitud

CUÁNDO VIVIÓ:

hace 74 millones de años

| TRIÁSICO | JURÁSICO | CRETÁCICO |

VIVIR EN MANADA

El primer *Einiosaurus* fue descubierto en Montana (Estados Unidos) en 1985. Los paleontólogos estaban en otra excavación buscando un dinosaurio (*Maiasaura*), pero en el último momento el propietario de la tierra se negó a dejarles entrar en su propiedad. Por suerte, esto no frenó la expedición y, al verse obligados a buscar otro sitio de excavación, el equipo desenterró tres cráneos completos adultos y numerosos huesos que pertenecían a ejemplares adultos y jóvenes. El gran número de huesos sugirió que una manada entera de *Einiosaurus* había muerto allí. Los paleontólogos creen que este dinosaurio vivía en grandes manadas, como el visón o el ñu en la actualidad.

DIABLOC

No se tiene mucha información sobre este dinosaurio, pues solo se conocen dos fósiles de *Diabloceratops*. El primero se descubrió en 1998 y el segundo en 2002, ambos en una capa arenisca de la Formación Wahweap en el estado de Utah. Son del cráneo y tienen las características típicas de todos los **ceratópsidos** (dinosaurios con cuernos como el *Triceratops*): un volante óseo, dos cuernos encima de los ojos, un cuerno pequeño en la punta del hocico y una boca que acaba en pico, adecuada para recolectar vegetación. Los dientes eran parecidos a los del *Triceratops*, los cuales utilizaba para triturar la comida.

CARACTERÍSTICAS DISTINTIVAS: una cresta con dos cuernos

eRATOPS

Su nombre significa:
CARA CON CUERNO DEL DIABLO

DÓNDE VIVIÓ:

América del Norte

SU PESO:

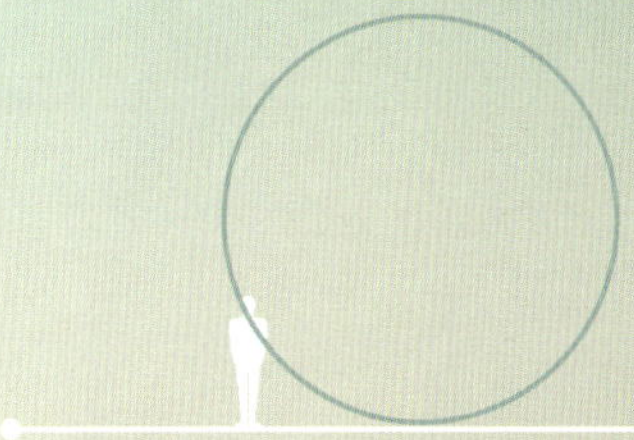

máximo 2 toneladas

SU TAMAÑO:

entre 5-6 m (16-20 pies)

CUÁNDO VIVIÓ:

hace 81-76 millones de años

| TRIÁSICO | JURÁSICO | CRETÁCICO |

Sin embargo, lo que indica que es un ceratópsido es la forma y el aspecto del volante óseo: no tenía forma de arco como el resto de los dinosaurios con cuerno, sino que era estrecho con dos agujeros grandes y un par de cuernos extensos y curvados hacia arriba y hacia los laterales en la parte trasera.

Los dos paleontólogos que estudiaron el material años después, concretamente en 2010, se inspiraron en esos dos cuernos a la hora de ponerle nombre al dinosaurio. Aunque la descripción se basa en el cráneo, el resto del esqueleto y el cuerpo del *Diabloceratops* se ha deducido de sus parientes, como suele suceder en estos casos.

El *Diabloceratops* tiene el mismo tamaño que un rinoceronte blanco macho (*Ceratotherium simum*). Sin embargo, pese a sus parecidos, estos animales no están emparentados: el primero es un reptil, mientras que el segundo es un mamífero. Es bastante común que formas o estructuras parecidas, en este caso los cuernos, se desarrollen en especies que pertenecen a grupos muy diferentes.

UN ENTORNO ABARROTADO

El tipo de roca en la que se han encontrado los cráneos de *Diabloceratops* sugiere que Utah era una **zona húmeda** en aquella época: una llanura inmensa repleta de ríos y lagos. Este tipo de hábitat ofrece muchas posibilidades para distintas especies animales y vegetales y, de hecho, se han desenterrado otros fósiles de las mismas capas de roca que conservaron los fósiles del *Diabloceratops*, lo que revela que era un entorno frondoso y muy poblado. Se han encontrado muchos dinosaurios diferentes, como el *Ankylosaurus* (dinosaurio acorazado) e incluso un tiranosaúrido, probablemente el depredador más temido. También había peces, tortugas y mamíferos parecidos a los roedores y los canguros.

PROTOCE

Incluso a simple vista, es imposible no darse cuenta de la similitud entre el *Protocetops* y el *Triceratops*. Sin embargo, no están tan relacionados como uno puede creer, ya que el *Protocetops* no pertenece a la familia de los ceratópsidos (dinosaurios con cuerno), sino a la de los **protoceratópsidos**: de hecho, fue el primer miembro de la familia en ser encontrado, de ahí su nombre.

RATOPS

Su nombre significa:
PRIMERA CARA CON CUERNOS

DÓNDE VIVIÓ:

Asia

SU PESO:

80-90 kg (176-200 libras)

SU TAMAÑO:

1,8 m (6 pies)

CARACTERÍSTICAS DISTINTIVAS:
cráneo muy grande comparado con el cuerpo

CUÁNDO VIVIÓ:

hace 75-72 millones de años

TRIÁSICO	JURÁSICO	CRETÁCICO

El *Protocetops* es un dinosaurio bastante pequeño, en especial, si lo comparamos con el *Triceratops* o el *Torosaurus*, aunque tiene un **cráneo demasiado grande**, casi desproporcionado, con un pico robusto y muy pronunciado, y un volante óseo con agujeros muy amplios. No tiene cuernos encima de los ojos. Hasta la fecha, solo existen dos especies de *Protoceratops*, los cuales principalmente difieren en tamaño. El más grande tiene un volante óseo ligeramente más ancho y pómulos más pronunciados, así como dos pequeñas crestas paralelas que recorren el borde superior del pico. Ambas especies de *Protocetops* son cuadrúpedos, como sus parientes más grandes, pero tienen patas más finas, las cuales son más adecuadas para correr. Gracias al pico y a los dientes, agrupados formando una superficie irregular, no habrían tenido ningún problema para comer vegetación dura y fibrosa.

El gran número de fósiles de *Protocetops* hallados en la arena del Desierto Gobi en Mongolia y los diferentes ejemplares localizados en el mismo lugar, pero en años diferentes, ha permitido que los expertos afirmen que vivían en manadas. En 1920 se encontraron diversos huevos y durante setenta años se pensaba que pertenecían al *Protoceratops*: sin embargo, en 1993 se descubrió que eran de un *Oviraptor*. A principios del 2000 localizaron varios nidos que contenían crías de *Protocetops* en diferentes etapas de crecimiento: este descubrimiento hizo posible establecer que eran animales sociales y que **cuidaban de las crías** en las primeras etapas de la vida.

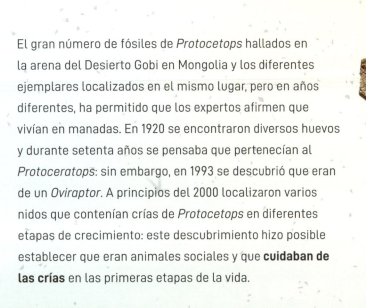

OJOS GRANDES

Los fósiles de los esqueletos de *Protoceratops* están bien conservados, tanto que han hecho posible observar incluso las estructuras más delicadas: por ejemplo, los **anillos escleróticos**, una estructura ósea situada alrededor de la cuenca ocular, cuya función es sujetar y proteger el globo ocular. Al estudiar estos huesos y las cuencas oculares fue posible deducir el tamaño de los ojos: se estima que tenían un diámetro de 5 cm (2 pulgadas).

Los animales con ojos tan grandes suelen ser activos por la noche, pero estudios recientes han demostrado que el *Protocetops* era muy activo en pequeños episodios durante el día. El famoso fósil de un *Velociraptor* (principalmente activo por la noche) con su garra incrustada en la garganta de un *Protoceratops*, cuyo pico está mordiendo el brazo de su atacante, encontrado en 1971, inmortaliza una pelea que tuvo lugar al anochecer.

UN PAR DE *VELOCIRAPTORS* LANZAN SUS GARRAS LETALES A UN *PROTOCERATOPS*.

PACHYRHI

El *Pachyrhinosaurus* tenía, en lugar de cuernos, masas de huesos aplastados en la parte superior de la cabeza: la grande en el hocico y la pequeña encima de los ojos. Lo que hace único a este dinosaurio es su nariz grande y abultada. Al estudiar la estructura interna del hueso y hacer comparaciones con los animales actuales, los paleontólogos descubrieron grandes similitudes con la frente de un **buey almizclero macho** adulto. Por tanto, se cree que la protuberancia de la cabeza del *Pachyrhinosaurus* también estaba cubierta por una gruesa almohadilla de piel endurecida que habría ayudado a absorber los golpes durante las peleas con los rivales.

CARACTERÍSTICAS DISTINTIVAS:
una protuberancia grande en el hocico

NOSAURUS

Su nombre significa:
LAGARTO DE NARIZ GRUESA

DÓNDE VIVIÓ:

América del Norte

SU PESO:

4 toneladas

SU TAMAÑO:

8 m (26 pies)

El *Pachyrhinosaurus* comía plantas, las cuales cortaba con el pico y trituraba con los dientes afilados situados en la parte interna de la boca. Sus dientes siempre eran eficaces: cuando un diente se desgastaba, se caía y crecía uno nuevo.

CUÁNDO VIVIÓ:

hace 73-69 millones de años

| TRIÁSICO | JURÁSICO | CRETÁCICO |

C AMA DE HUESOS

El *Pachyrhinosaurus* **vivía en grupo**, al menos durante ciertos periodos del año, tal y como se descubrió con el conjunto de restos de ejemplares de diferentes edades en el mismo lugar. De hecho, se han descubierto algunas camas de huesos de *Pachyrhinosaurus*. Estos espacios están caracterizados por la presencia de muchos fósiles. En Pipestone Creek, en Canadá, se encontraron 14 cráneos y 3.500 huesos, por lo que los paleontólogos creen que la manada murió al intentar cruzar un río durante una inundación. Los esqueletos pertenecen a cuatro grupos de distintas edades, desde adultos a jóvenes. Esto indicaría que los *Pachyrhinosaurus* crecían y cuidaban a los jóvenes.

DIPLODO

Sin duda, el *Diplodocus* es uno de los dinosaurios de cuello largo más famosos y conocidos entre los paleontólogos, ya que es uno de los pocos saurópodos de los que se ha encontrado un **esqueleto casi completo**.

Aunque durante el periodo Jurásico, América del Norte estuvo dominada por herbívoros grandes, todavía había muchos depredadores feroces, como el *Ceratosaurus* y el *Allosaurus*, de los cuales el *Diplodocus* podía defenderse gracias a su enorme tamaño: si era necesario, podía levantarse sobre sus patas traseras e intentar aplastar a su oponente o herirlo al golpearlo con las garras grandes y afiladas del dedo gordo del pie.

Otra arma posible era el "sonido" de su cola, que se estrechaba en la punta **como un látigo**. Se estima que el *Diplodocus* podía balancear la punta de la cola a una velocidad de 1,5-2,5 m (5-8 pies) por segundo, más fuerte que el sonido de la velocidad, y producir un **ruido de chasquido** que era 2000 veces más fuerte que el de un látigo. Estos "chasquidos" se podían escuchar a largas distancias y podrían haber asustado a sus depredadores. Sin embargo, es poco probable que utilizaran la cola como arma, puesto que el impacto podía dañarla.

Su nombre significa:
DOBLE VIGA

DÓNDE VIVIÓ:

América del Norte

SU PESO:

10-16 toneladas

SU TAMAÑO:

33 m (108 pies)

CUÁNDO VIVIÓ:

hace 154-152 millones de años

| TRIÁSICO | JURÁSICO | CRETÁCICO |

CARACTERÍSTICAS DISTINTIVAS:

cola larga con una punta muy delgada

En 2010 se descubrió que el cráneo de un *Diplodocus* joven era diferente al de un adulto. Las principales diferencias eran la forma del hocico y la posición de los dientes, pues no solo había en la parte delantera de la boca. Esto sugiere que los adultos y los jóvenes comían de forma diferente. Los *Diplodocus* podían conseguir vegetación a una altura de 11 m (36 pies) poniéndose de pie sobre las patas traseras y utilizando la cola para sujetarse. Arrancaban las hojas con los dientes delanteros que sobresalían en forma de clavija.

EL DIPLODOCUS CAMBIA SU ESTILO

La representación de la postura del *Diplodocus* ha cambiado a lo largo de los años.

En 1919, una de las primeras reconstrucciones representaba dos ejemplares en la orilla del río con las patas extendidas, parecidas a las de los lagartos. Sin embargo, el descubrimiento de varias huellas de saurópodos en 1930 reveló que el *Diplodocus* tenía las patas rectas bajo el cuerpo, como el resto de dinosaurios.

El cuello también fue motivo de especulación: al principio, se reconstruyó al dinosaurio con el cuello hacia arriba, como una jirafa. Sin embargo, tras los estudios realizados en 2005 sobre los huesos del cuello de un saurópodo, se concluyó que la postura habitual del cuello de un *Diplodocus* era horizontal, y que estos dinosaurios apenas levantaban la cabeza por encima de los hombros.

¿Fin de la historia? ¡Claro que no! En 2009 los paleontólogos analizaron los animales actuales e indicaron que los tejidos blandos pueden tener más flexibilidad de la que sugieren los huesos por sí solos. Por tanto, concluyeron que el *Diplodocus* podría haber levantado el cuello a una posición que podríamos definir como un punto medio entre vertical y horizontal.

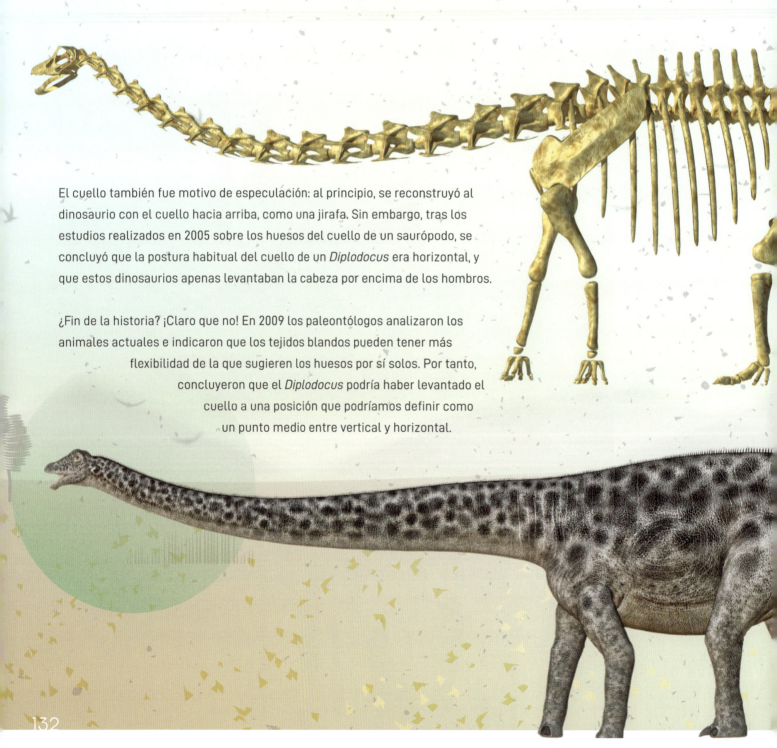

Muchos saurópodos ponían los huevos en extensas zonas de anidación, cavando varios agujeros profundos que se cubrían después con vegetación. Es posible que el *Diplodocus* hiciera lo mismo. Además, los huevos eran muy pequeños comparados con el tamaño del dinosaurio y esto podría haber reducido el riesgo de depredación: de hecho, los huevos grandes tardaban más en eclosionar y, por tanto, estarían más en riesgo. El *Diplodocus* tenía muchos dientes con forma de clavija en la parte delantera de la boca, los cuales usaba para cortar la vegetación.

APATOSA

El *Apatosaurus* tenía patas que eran más robustas, pero no tan alargadas como las de otros saurópodos. Las patas traseras eran más largas que las extremidades delanteras. Al igual que la mayoría de los saurópodos, el *Apatosaurus* solo tenía una **garra grande** en cada pie. La cola era larga y más delgada de lo normal, como un **látigo**. Los paleontólogos realizaron un modelo computacional y descubrieron que el sonido de chasquido de la punta habría producido un sonido parecido a un disparo de cañón, que se podía escuchar desde muy lejos. Sin embargo, la punta delgada no servía para herir a depredadores, por lo que no se podía utilizar como arma de defensa.

El cuello del *Apatosaurus* era muy grande y robusto, pero no tan pesado como podríamos creer: un sistema de burbujas de aire lo hace muy ligero. El *Apatasaurus* poseía un cráneo bastante pequeño para el tamaño de su cuerpo, y tenía los dientes en forma de cincel. Se cree que este dinosaurio se alimentaba principalmente de vegetación baja, pero su gran cuello le habría permitido comer hojas tiernas de árboles más altos. Es probable que el *Apatosaurus* comiera unos 400 kg (880 libras) de vegetación al día, sin masticar, así como piedras digestivas (llamadas "gastrolitos") que ayudaban a triturar la comida en el estómago del dinosaurio.

CARACTERÍSTICAS DISTINTIVAS: una cola larga y delgada

URUS

Su nombre significa:
LAGARTO ENGAÑOSO

DÓNDE VIVIÓ:

América del Norte

SU PESO:

20 toneladas

SU TAMAÑO:

21-23 m (69-75 pies)

CUÁNDO VIVIÓ:

hace 152-150 millones de años

| TRIÁSICO | JURÁSICO | CRETÁCICO |

UN FALSO REPTIL

El nombre de *Apatosaurus* fue acuñado en 1877 por el paleontólogo Othniel Charles Marsh al basarse en un esqueleto casi completo descubierto en las Montañas Rocosas de Colorado (Estados Unidos). El término procede de la palabra griega *apatè*, que significa "engaño, mentira". Marsh le otorgó ese nombre por los huesos de la parte inferior de la cola, que eran diferentes a los de otros dinosaurios, muy parecidos a los del *Mosasaurus* (reptil marino).

PACHYCePH

El *Pachycephalosaurus* tenía un cráneo extremadamente grueso: la parte superior de la cabeza podía haber tenido un grosor de hasta 23 cm (9 pulgadas). Su característica bóveda craneal era tan robusta que, en ocasiones, es la única parte del esqueleto que se conserva como fósil.

Algunos paleontólogos han especulado que el cráneo grueso del *Pachycephalosaurus* se utilizó para batallas salvajes cabeza a cabeza entre machos, quizá durante el periodo de apareamiento, al igual que algunos animales actualmente. Sin embargo, hay algunos científicos que creen que las vértebras del cuello de este dinosaurio no eran tan fuertes como para soportar dichas colisiones sin romperse. Además, debido a la textura esponjosa del hueso, las bóvedas craneales no podrían haber sido capaces de resistir golpes directos sin sufrir daños importantes. No obstante, las diferentes secuelas encontradas en los fósiles sugieren que el *Pachycephalosaurus* luchaba en combates cabeza a cabeza. También se cree que la bóveda craneal tenía una capa externa de queratina que podría hacer que fuese más fuerte, protegiéndola contra el daño causado por los cabezazos.

CARACTERÍSTICAS DISTINTIVAS:
una bóveda craneal en la cabeza

ALOSAURUS

Su nombre significa:
LAGARTO DE CABEZA GRUESA

DÓNDE VIVIÓ:

América del Norte

SU PESO:

450 kg (990 libras)

SU TAMAÑO:

4,5 m (15 pies)

CUÁNDO VIVIÓ:

hace 70-65 millones de años

TRIÁSICO	JURÁSICO	CRETÁCICO

En 2018 se encontró un hueso de mandíbula completo de un ejemplar joven que desconcertó totalmente a los paleontólogos. Tenía los mismos dientes amplios y con forma de hoja en la parte interna de la boca que el resto de ejemplares, los cuales eran adecuados para romper plantas duras, frutas y semillas, también tenía dientes afilados con forma triangular en la parte delantera, parecidos a los de algunos dinosaurios carnívoros. No está claro si el *Pachycephalosaurus* tenía estos dientes cuando era joven o si los conservaba durante toda su vida. Puede que estos dinosaurios cambiaran de dieta al crecer: a lo mejor los *Pachycephalosaurus* jóvenes eran omnívoros y los adultos solo comían plantas.

STYGIMO

El *Stygimoloch* es un dinosaurio que pertenece a la familia *Paquicefalosaurios*. Al igual que otros miembros de esta familia, tiene una bóveda craneal muy gruesa, aunque más pequeña, con un ligero parecido a una pera. Además, el resto del cráneo está cubierto con nodos óseos y grupos de espinas: algunas pequeñas en la parte delantera del hocico, encima de la nariz, y un par de espinas más grandes (de hasta 15 cm/6 pulgadas) en los laterales traseros. Tenía postura bípeda, pecho amplio y cola muy rígida, sobre todo, en la punta. Como todos los *Paquicefalosaurios*, tenía los brazos muy cortos.

CARACTERÍSTICAS DISTINTIVAS: un cráneo grueso y espinoso

Un arma para mostrar

No está claro por qué la estructura del cráneo del *Stygimoloch* era tan compleja. La bóveda craneal era muy pequeña como para utilizarse para los golpes de cabeza en combates intraespecíficos, como hacían los *Pachycephalosaurus*, pero puede que los machos se retaran entre ellos fijando las espinas en la cabeza, como hacen los ciervos con la cornamenta. Algunos paleontólogos piensan que podría haber sido útil para fines de defensa, al "embestir" a sus rivales en los laterales. Sin embargo, es lógico pensar que dicha gran decoración craneal podía mostrarse en la temporada de apareamiento.

LOCH

Su nombre significa:
DIABLO DEL RÍO ESTIGIA

DÓNDE VIVIÓ:

América del Norte

SU PESO:

100 kg (220 libras)

SU TAMAÑO:

3 m (10 pies)

CUÁNDO VIVIÓ:

hace 70-66 millones de años

| TRIÁSICO | JURÁSICO | CRETÁCICO |

¿Tres o un dinosaurio?

El *Stygimoloch* no solo fue encontrado en los mismos lugares que el *Pachycephalosaurus*, sino que el hueso del cráneo de ambos dinosaurios tenía la misma estructura y podía haber cambiado fácilmente de forma según crecía. Por este motivo, algunos paleontólogos han especulado que el *Stygimoloch* tan solo era una etapa de crecimiento del *Pachycephalosaurus*. Pero eso no es todo, existe otro *Paquicefalosaurio* más pequeño que el *Stygmoloch*, llamado *Dracorex*, que también tenía la cabeza espinosa, pero el cráneo no era grueso, y se cree que podía ser un *Pachycephalosaurus* joven.

MAIASA

El *Maiasaura* es un hadrosáurido, es decir, forma parte del grupo que se conoce como "dinosaurios con pico de pato". Al igual que otros haudrosáuridos, el *Maiasaura* era un herbívoro cuadrúpedo con un tamaño bastante pequeño si se compara con el cuerpo, una espalda arqueada y una cola bastante recta y musculosa.

Este dinosaurio se hizo famoso debido al número de fósiles enormes que han encontrado en los últimos 40 años. Todo comenzó en 1978 cuando se descubrió un nido entero en un yacimiento de fósiles en Montana: era circular y contenía fragmentos de cáscara de huevo y restos de algunas crías. Lo que más interesó a los paleontólogos fue que los dinosaurios jóvenes todavía estaban en el nido, pese a ser demasiado grandes para acabar de salir del huevo. Esto puede significar que estos dinosaurios permanecían en el nido después de nacer y que sus padres los cuidaban.

Se descubrieron más nidos que contenían docenas de huevos tan grandes como los de los avestruces, y cientos de ejemplares en diferentes etapas de crecimiento. La hipótesis inicial de que los padres cuidaban a los hijos cobró más fuerza con el descubrimiento de que los huesos de las patas de las crías de *Maiasaura* no eran fuertes para poder caminar.

URA

Su nombre significa:
LAGARTO BUENA MADRE

DÓNDE VIVIÓ:

América del Norte

SU PESO:

2-3 toneladas

SU TAMAÑO:

9 m (30 pies)

CUÁNDO VIVIÓ:

hace 77-76 millones de años

TRIÁSICO	JURÁSICO	CRETÁCICO

CARACTERÍSTICAS DISTINTIVAS:
un hocico con pico

Este hecho, unido a los signos de desgaste de los dientes, confirmó que los adultos les traían la comida. Parece ser que permanecían en el nido durante, aproximadamente, un año. Al principio, las crías caminaban como bípedos, cambiando a una postura cuadrúpeda al crecer. Otro descubrimiento importante fue que los nidos nunca estaban solos, sino en grupos grandes. Estos nidos medían unos 7-8 m (23-26 pies), el espacio mínimo que necesitaban los padres para ir con facilidad de un lado a otro con la comida para las crías. También se encargaban de reponer el nido con vegetación que, cuando se descomponía, mantenía la temperatura adecuada para los huevos sin eclosionar.

Estos descubrimientos ayudaron a los paleontólogos a aprender que el *Maiasaura* era un dinosaurio "social": se movía en grandes grupos, en manadas de cientos, quizá miles de ejemplares. La presencia simultánea de tantos herbívoros podría haber hecho necesario tener que moverse constantemente en busca de alimento, por lo que es posible que el *Maiasaura* realizara migraciones estacionarias. Durante estos largos viajes, podría haber encontrado otros dinosaurios, incluyendo depredadores como el *Daspletosaurus*, un "primo" del *T. rex*, y la única forma de defenderse podría haber sido moverse en grandes manadas: ¡la fuerza está en los números!

ANKYLO

Los primeros fósiles de *Ankylosaurus* fueron encontrados en 1906 por el paleontólogo americano Barnum Brown, con nombre de pila Mr. Bones. Extrajo un cráneo parcial, dos dientes, parte de un hombro, algunas vértebras y unas 30 placas óseas llamadas "osteodermos" de las rocas de la Formación Hell Creek en Montana, donde, por ejemplo, se habían encontrado muchos fósiles de *Tyrannosaurus* y *Triceratops*. Sin embargo, estos huesos no fueron suficientes para reconstruir la apariencia del dinosaurio, por lo que su reconstrucción solo fue posible con los hallazgos posteriores. El *Ankylosaurus* era un dinosaurio cuadrúpedo con un cuerpo muy pequeño y rechoncho, apoyado sobre cuatro patas fuertes. El cráneo era triangular y la cola dura, la cual acababa en una estructura con forma de mazo.

SAURUS

Su nombre significa:
LAGARTO FUSIONADO

DÓNDE VIVIÓ:

América del Norte

SU PESO:

5-8 toneladas

SU TAMAÑO:

6-8 m (20-26 pies)

CARACTERÍSTICAS DISTINTIVAS:
coraza y cola con forma de mazo

CUÁNDO VIVIÓ:

hace 68-66 millones de años

TRIÁSICO	JURÁSICO	CRETÁCICO

Todo el cuerpo estaba acorazado gracias a los osteodermos que lo cubrían al completo: los paleontólogos creen que esta armadura servía para resistir los mordiscos de los depredadores más grandes. El cráneo también estaba acorazado, pero su apariencia escamosa no era por los osteodermos, sino por una remodelación de la estructura ósea que hizo que todos los huesos del cráneo se fusionaran. La parte trasera de la cabeza era mucho más amplia que la delantera y tenía dos cuernos en forma de pirámide que se extendían hacia atrás desde cada lateral. Poseía una cavidad nasal muy desarrollada, por lo que algunos paleontólogos creían que se utilizaba para producir sonidos para comunicarse. Esta hipótesis, aunque no está totalmente aceptada, está apoyada por los estudios realizados sobre la estructura de la parte interna del oído, pues parece ser que era capaz de percibir los sonidos producidos por la cavidad nasal.

La cabeza del *Ankylosaurus* contenía varias docenas de dientes con forma de hoja dentada, aunque eran más pequeños. Estos dientes, combinados con el pico en la parte frontal de la boca, hacían posible que el *Ankylosaurus* comiera plantas como helechos, o especies más duras, así como fruta carnosa. El estilo de vida hipotético de este dinosaurio, que se cree que se movía despacio, excepto para defenderse de los depredadores, sugiere que necesitaba comer unos cinco kilos (docenas de libras) de plantas al día. De hecho, la amplia caja torácica del *Ankylosaurus*, la cual tenía una forma extraña porque las costillas vertebrales estaban fusionadas a la columna vertebral, albergaba un sistema digestivo muy eficaz para gestionar la gran cantidad de plantas que comía.

Una cola medieval

La cola del *Ankylosaurus* se parecía a un mazo debido a los dos osteodermos que tenía en los laterales del extremo, los cuales eran mucho más grandes que los del cuerpo. El tamaño de esta característica estructura era impresionante: una anchura de más de 0,5 m (1,5 pies) y más de 60 cm (24 pulgadas) de longitud. ¿Para qué se usaba? La estructura esquelética de la cola sugiere que podía moverse fácil y rápidamente de lado a lado, y las últimas siete vértebras estaban entrelazadas para hacerla más fuerte. Todo esto sugiere que utilizaba la cola como arma, lo mismo que hacían con su mazo los caballeros medievales con armadura. Era tan fuerte que podía incluso romper los huesos de las patas de los depredadores grandes para defenderse.

ARGENTI

CARACTERÍSTICAS DISTINTIVAS:
un cuerpo masivo

NOSAURUS

Su nombre significa:
LAGARTO DE ARGENTINA

DÓNDE VIVIÓ:

América del Sur

SU PESO:

80 toneladas

SU TAMAÑO:

32-38 m (105-125 pies)

CUÁNDO VIVIÓ:

hace 94 millones de años

TRIÁSICO | JURÁSICO | **CRETÁCICO**

El *Argentinosaurus* es uno de los dinosaurios más grandes que ha caminado por nuestro planeta. Solo se han encontrado algunas vértebras, huesos de las patas y fragmentos de las costillas, pero es posible ver lo enorme que era este dinosaurio: el peroné (un hueso en la parte inferior de la pata) mide 1,55 m (5 pies), y una vértebra del cuello tiene una anchura de 1,3 m (4,3 pies). Los paleontólogos reconstruyeron el *Argentinosaurus* analizando otros esqueletos completos de dinosaurios similares. Su longitud era impresionante, puede que llegara a los 38 m (125 pies) y la altura del hombro fuera de 8 m (26 pies). El cuello y la cola eran muy cortos comparados con los de otros saurópodos y la cabeza era muy pequeña comparada con el resto del cuerpo, que debía ser enorme y masivo. Es probable que el *Argentinosaurus* viviera en pequeñas manadas que se movían de forma constante en busca de comida, principalmente coníferas.

EL CAMINO DEL DINOSAURIO

En 2013 se creó un modelo computacional del esqueleto y los músculos del *Argentinosaurius* con el fin de estudiar su velocidad y ritmo. Con la simulación computacional, los paleontólogos fueron capaces de ver el caminar de este gigante. La marcha más eficaz era cuando las extremidades delanteras y traseras de un lado del cuerpo se movían de forma simultánea. En cuanto a su velocidad, el modelo archivado llegaba a una velocidad de más de 7,2 km (4,5 millas) por hora. Esta simulación mostró que, a pesar de su gran tamaño, el *Argentinosaurus* era capaz de moverse fácilmente y muy rápido.

PARASAUR

El *Parasaurolophus* era herbívoro y, al igual que otros dinosaurios parecidos, podía caminar a dos y a cuatro patas. Es probable que prefiriera caminar a cuatro patas cuando buscaba comida, mientras que usaría solo las patas traseras cuando tenía que correr. Trituraba la comida mediante un movimiento similar a masticar, con los dientes de la parte trasera de la boca, que estaba formada por cientos de dientes diminutos en grupos (baterías dentales). Sin embargo, en la parte delantera de la boca tenía una especie de pico que utilizaba para cortar las plantas del suelo, a una altura aproximada de 4 m (13 pies).

La característica más distintiva del *Parasaurolophus* era la cresta larga y curva en la parte trasera que adornaba la cabeza: era hueca y estaba conectada a la nariz mediante tubos internos.

CARACTERÍSTICAS DISTINTIVAS: una cresta larga y curva en la parte trasera

OLOPHUS

Su nombre significa:
CERCANO AL LAGARTO CRESTADO

DÓNDE VIVIÓ:

América del Norte

SU PESO:

2,5 toneladas

SU TAMAÑO:

9,5 m (31 pies)

CUÁNDO VIVIÓ:

hace 76-73 millones de años

TRIÁSICO	JURÁSICO	CRETÁCICO

El debate de la cresta

Se han realizado numerosas hipótesis sobre la función de la cresta del *Parasaurolophus*. Algunas proceden del supuesto de que este dinosaurio tenía un cerebro más grande que el de otras especies, así como un comportamiento social complejo. Se cree que la cresta era útil para reconocer a los ejemplares de la misma especie, así como para indicar las distintas edades o sexo. Tras analizar la estructura interna de la cresta, los paleontólogos creen que generaban sonidos de baja frecuencia en el interior de las cavidades, y que las crestas actuaban como cámara de resonancia para producir señales de advertencia o sonidos para el reconocimiento de especies. Este hecho se habría confirmado gracias a los estudios que muestran que los oídos eran también adecuados para detectar sonidos de baja frecuencia.

OURANO

El *Ouranosaurus* tenía un esqueleto masivo con patas adecuadas para caminar, principalmente, como un cuadrúpedo. Sin embargo, las patas traseras, que tenían tres dedos robustos, eran lo suficientemente fuertes como para andar a dos patas, aunque no eran adecuadas para correr: se cree que este dinosaurio se movía a un ritmo bastante lento. Tenía cinco dedos en cada mano: los tres del centro eran más fuertes para soportar el peso cuando el *Ouranosaurus* iba a cuatro patas, y el "pulgar" era un pincho.

La boca tenía una especie de pico, adecuado para arrancar hojas de plantas que crecían en los bordes de ríos y lagos. Acababa en un borde ancho que le permitía recolectar varias plantas al mismo tiempo. Los dientes en el interior de la boca se agrupaban en dos filas que formaban una superficie continua.

La presencia de dientes sugiere que el *Ouranosaurus* se alimentaba de las partes más duras de las plantas, como los tallos o las raíces.

SAURUS

Su nombre significa:
LAGARTO VALIENTE

DÓNDE VIVIÓ:

África

SU PESO:

2,2 toneladas

SU TAMAÑO:

6-8 m (18-26 pies)

CUÁNDO VIVIÓ:

hace 110-112 millones de años

| TRIÁSICO | JURÁSICO | CRETÁCICO |

CARACTERÍSTICAS DISTINTIVAS:
espalda muy recta y cola con vértebras

La característica más distintiva del *Ouranosaurus* era el número de espinas grandes que salían de las vértebras de la espalda y la cola, que habrían soportado una vela cubierta de piel o una joroba muscular. Si el *Ouranosaurus* tenía una vela, es probable que sirviera para regular la temperatura corporal del dinosaurio, absorbiendo o liberando el calor necesario. Otra hipótesis es que se utilizaba para atraer a las parejas y que, por tanto, tenía un color diferente al resto del cuerpo. Por otro lado, si tuviera joroba, parecida a la de un visón, podría almacenar grasa, adecuada para sobrevivir cuando la vegetación fuese escasa, durante largas migraciones en busca de comida, o al poner huevos.

AMARGA

Solo se ha descubierto un esqueleto de *Amargasaurus*, hallado en 1984 en Argentina, conservado en la formación rocosa La Amarga, llamada así por el pueblo vecino. El esqueleto está casi completo y los huesos se encuentran en una posición anatómica correcta: están exactamente en el mismo lugar que cuando el animal estaba vivo. Este hecho facilitó la reconstrucción de su apariencia sin ninguna duda sobre la posición de las vértebras espinosas que hacían al *Amargasaurus* tan único.

CARACTERÍSTICAS DISTINTIVAS: una fila doble de espinas en la espalda

SAURUS

Su nombre significa:
LAGARTO DE AMARGA

DÓNDE VIVIÓ:

América del Sur

SU PESO:

2,5-3 toneladas

SU TAMAÑO:

9-10 m (30-33 pies)

CUÁNDO VIVIÓ:

hace 129-122 millones de años

TRIÁSICO | JURÁSICO | **CRETÁCICO**

Estas vértebras, cada una con una espina neural bifurcada que podía llegar a medir 60 cm (24 pulgadas), se encontraban perfectamente alineadas detrás del cráneo, mientras que las delanteras no se conservan. El *Amargasaurus* es un saurópodo pequeño (como el *Diplodocus* y otros dinosaurios de cuello largo), con un cuello bastante corto comparado con el de otros saurópodos, y una cabeza parecida a la del caballo. Aunque se ha perdido parte de su cráneo, se puede deducir que los dientes tenían forma de clavija (o lápiz) y se utilizaban como rastrillos para arrancar las hojas de las ramas y alimentarse. Los resultados de un estudio sobre el oído y el órgano interno que controla el equilibrio proporcionaron información importante: el *Amargasaurus* solía mantener la cabeza baja, a unos 80 cm (31,5 pulgadas) del suelo. Por supuesto, esta posición podría haber cambiado cuando buscaba comida, pero debido a las espinas y a la inestabilidad de levantarse sobre las patas traseras, el *Amargasaurus* no podía alimentarse de comida que estuviera a una altura superior a 2,7 m (9 pies).

¿ESPINAS, VELA O BOLSILLO DE AIRE?

Igual que sucede cuando aparecen estructuras poco habituales en un fósil, surgieron diversas hipótesis sobre la doble fila de espinas neurales que tenía el *Amargasaurus* en el cuello. Algunos paleontólogos sugirieron que tenían un par de velas, parecidas a las del *Spinosaurus*, aunque esta hipótesis se rechazó porque habrían reducido la capacidad de movimiento del cuello. Otros estudios indican que algunos poseían una bolsa de aire hecha de piel, que habría estado conectada a los pulmones como parte del sistema respiratorio, con el objetivo de aumentar la capacidad pulmonar. También está la teoría de que las espinas se utilizaban como arma para defenderse de los depredadores o ejemplares de su misma especie. Sin embargo, el problema de esta hipótesis es que las espinas se curvan hacia atrás, por lo que el dinosaurio tendría que doblar el cuello hacia atrás durante mucho tiempo para poder utilizarlas. En 2019 se descubrió al *Bajadasaurus*, un dinosaurio de la familia del *Amargasarus*, que tenía una fila de espinas parecidas, curvadas hacia delante, por lo que la teoría de utilizarse como "arma" era más probable. Es posible que fuesen un adorno para las exhibiciones durante los rituales de apareamiento, y hay quienes piensan que el dinosaurio también podría frotarlas al mover el cuello para producir un sonido.

PLATEO

El *Plateosaurus* es un dinosaurio sauropodomorfo, es decir, con la "forma del cuerpo de un saurópodo": se considera antecesor de los saurópodos, que son dinosaurios grandes de cuello largo.

Su forma de caminar es un gran enigma, pero ahora la mayoría de los paleontólogos está de acuerdo en que fue bípedo, con una espalda casi horizontal.

Tenía dientes afilados, muy parecidos a los de los animales herbívoros actuales, en la mandíbula superior e inferior, y se solapaban como las hojas de las tijeras cuando cerraba la boca, lo que le permitía cortar plantas, pero no triturarlas. El *Plateosaurus* era herbívoro y su dieta consistía en coníferas y helechos.

CARACTERÍSTICAS DISTINTIVAS: un cuello largo y una cabeza pequeña

Gracias a su fuerte cola, que utilizaba para mantener el equilibrio, podía mantenerse de pie sobre las patas traseras y utilizar el cuello largo para buscar las hojas o los árboles más altos. Cada mano tenía cuatro dedos muy flexibles y un pulgar fuerte con garra, útil para agarrar las ramas y recolectar comida de los árboles, además de para defenderse de los depredadores.

Se han encontrado varias decenas de *Plateosaurus*, principalmente en Alemania, incluyendo algunos ejemplares completos.

SAURUS

Su nombre significa:
LAGARTO ANCHO

DÓNDE VIVIÓ:

Groenlandia
Europa

SU PESO:

4 toneladas

SU TAMAÑO:

10 m (33 pies)

CUÁNDO VIVIÓ:

hace 214-204 millones de años

| TRIÁSICO | JURÁSICO | CRETÁCICO |

UN HUESO EN EL FONDO DEL MAR

En una perforación en busca de petróleo frente a la costa noruega se llevó a cabo un descubrimiento curioso: se encontró un fósil en un cilindro de roca que se extrajo a 2.615 m (1,6 millas) por debajo del lecho marino, inicialmente confundido con una planta. Un estudio posterior mostró que era una sección de un hueso largo de *Plateosaurus*, convirtiéndose en el primer dinosaurio encontrado en Noruega.

LAMBEO

CARACTERÍSTICAS DISTINTIVAS: una cresta muy alta en la cabeza

En un primer momento, el *Lambeosaurus* era cuadrúpedo, pero podía caminar con las patas traseras cuando lo necesitaba. Podía alimentarse de plantas terrestres y de las que estaban a una altura moderada. Una vez que cogía la comida con la boca, que tenía una especie de pico de pato, la trituraba con las apretadas hileras de dientes, llamadas baterías dentales, en la parte interna.

Sin embargo, la característica más distintiva del *Lambeosaurus* es la cresta, que se describe con forma de hacha: la "hoja" amplia estaba en la parte frontal, y el "mango" era una estructura delgada que sobresalía por encima de la parte trasera del cráneo. La parte trasera era sólida, mientras que la frontal era hueca con una red de tubos en su interior.

SAURUS

Su nombre significa:
LAGARTO DE LAMBE

DÓNDE VIVIÓ:

América del Norte

SU PESO:

3 toneladas

SU TAMAÑO:

más de 9,5 m (31 pies)

CUÁNDO VIVIÓ:

hace 75 millones de años

| TRIÁSICO | JURÁSICO | CRETÁCICO |

MUCHAS HIPÓTESIS PARA UNA SOLA CRESTA

Se encontraron estructuras muy sorprendentes que siempre han llamado la atención de los paleontólogos: no suele ser sencillo entender su función y se proponen varias teorías, algunas pueden ser un poco extrañas. La cresta del *Lambeosaurus* no es la excepción. Una de las primeras hipótesis era que la cresta podía utilizarse para almacenar las glándulas salinas, que eran órganos especiales que eliminaban el exceso de sal del cuerpo. Otras teorías sugirieron que la cresta contenía el sentido del olfato o que servía como cámara de almacenamiento de aire. Sin embargo, en la actualidad se cree que, al igual que en el *Parasaurolophus*, se utilizaba principalmente para el reconocimiento de especies.

Varias especies de *Lambeosaurus* se habrían distinguido debido a la forma diferente de estas protuberancias. Además, las crestas de los *Lambeosaurus* adultos estaban más desarrolladas que las de los jóvenes, lo que indica que también era un signo de madurez. Los ejemplares hembra que se han encontrado tenían las crestas más redondeadas que los machos. La parte hueca de la cresta, que tenía una red de tubos, podría haber formado una cámara de resonancia para amplificar las llamadas del dinosaurio.

THERIZIN

La característica más distintiva del *Therizinosaurus* era la existencia de las garras largas en los tres dedos de las manos: son las más largas de todos los animales terrestres conocidos.

Las garras fueron los primeros restos encontrados en el Desierto Gobi, en Mongolia en 1948. Aunque solo se han encontrado algunas partes del esqueleto, y pese a que al principio se confundió con una tortuga, fue posible reconstruir su apariencia al compararlo con otros tericinosáuridos.

OSAURUS

Su nombre significa:
LAGARTO GUADAÑA

DÓNDE VIVIÓ:

Asia

Era bípedo y tenía 4 dedos en los pies, convirtiéndose en un dinosaurio que se movía despacio. Poseía un cuello largo, un cráneo con pico y un gran abdomen para digerir las plantas. Tenía plumas, sobre todo, en las extremidades superiores. Parece ser el miembro más grande del grupo. Era tan grande que ni siquiera el principal depredador con el que compartía territorio, el tiranosáurido *Tarbosaurus*, habría sido capaz de morderle más alto de su vientre.

SU PESO:
entre 3 y 5 toneladas

SU TAMAÑO:
9-10 m (30-33 pies)

CUÁNDO VIVIÓ:
hace 71-68 millones de años

| TRIÁSICO | JURÁSICO | CRETÁCICO |

CARACTERÍSTICAS DISTINTIVAS:
garras gigantes en las manos

Garras de herbívoro

Las garras del *Therizinosaurus* medían más de 0,5 m (1,6 pies) y eran más rectas que las de otros tericinosáuridos. Su función todavía está en estudio. No hay evidencias que apoyen o rechacen que se utilizaran como arma de defensa contra los depredadores, o en combate con otros ejemplares de la misma especie. También se ha sugerido que podían haberse utilizado para sujetar a la pareja durante el apareamiento. Sin embargo, la teoría más convincente es que se utilizaban, principalmente, para cortar la vegetación y metérsela en la boca.

STEGOS

El nombre de este dinosaurio fue propuesto por Othniel Charles Marsh, el paleontólogo que lo descubrió durante la "Bone Wars" entre 1877 y 1892. La rivalidad entre él y Edward Drinker Cope permitió el descubrimiento de más de 130 nuevas especies de dinosaurios. Cuando Marsh desenterró los primeros huesos del *Stegosaurus* y vio las placas, creía que estaban situadas de forma plana en la espalda del dinosaurio, como tejas. En la actualidad los paleontólogos afirman que estas placas se situaban de forma vertical en dos filas: empezaban en el cuello y aumentaban de forma gradual en tamaño hasta la pelvis, con una altura de 60 cm (24 pulgadas), y eran más pequeñas a medida que llegaban a la cola, donde se cambiaban por dos pares de pinchos.

CARACTERÍSTICAS DISTINTIVAS: placas grandes en la espalda

A U R U S

Su nombre significa:
LAGARTO CON TEJADO

DÓNDE VIVIÓ:

América del Norte

Europa

SU PESO:

5-7 toneladas

SU TAMAÑO:

9 m (30 pies)

CUÁNDO VIVIÓ:

hace 155-150 millones de años

TRIÁSICO | **JURÁSICO** | CRETÁCICO

El *Stegosaurus* era cuadrúpedo y, como las patas delanteras eran más cortas que las traseras, su postura era curiosa: mantenía la cabeza cerca del suelo, mientras que la cola estaba en el aire. La diferencia entre las extremidades hacía posible estimar que la velocidad máxima que podía alcanzar era de menos de 10 km (6 millas) por hora: pese a su velocidad, la zancada de las patas traseras habría superado la de las delanteras y este tipo de movimiento es dudoso.

El *Stegosaurus* tenía un cráneo poco frecuente: era muy pequeño comparado con el cuerpo, y un tercio de la boca estaba formado por una estructura con forma de pico sin dientes. En los otros dos tercios tenía dientes pequeños, dentados y con forma triangular, lo que sugería que podía masticar vegetación.

Durante mucho tiempo se pensó que estos dinosaurios no eran animales "inteligentes" por el tamaño pequeño del cerebro. Esto dio lugar a un mito popular, según el cual el *Stegosaurus* tenía un segundo cerebro en la cavidad sacra (donde se juntan la espina y la pelvis) que funcionaba como centro de operación de la mitad trasera del dinosaurio. En la actualidad este mito se ha destruido.

Las placas

Además de las dudas sobre su postura, también hay mucho debate sobre la función de las placas del *Stegosaurus*. Los estudios sobre estas placas revelaron que contenían muchos vasos sanguíneos y estaban cubiertas de queratina (la sustancia de la que están compuestas las uñas): crecían rápido y la cubierta es probable que fuese afilada y colorida. El *Stegosaurus* compartía hábitat con carnívoros grandes, como el *Allosaurus*, y las placas se podrían haber utilizado como arma de defensa directa y para parecer más grande que sus enemigos. Sin embargo, también se habrían utilizado para el reconocimiento entre especies y las exhibiciones en los rituales de apareamiento.

El "THAGOMIZER"

El *Stegosaurus* tenía dos pares de espinas en posición horizontal cerca del final de la cola que medían alrededor de 1 m (3,3 pies). La flexibilidad de la cola, junto a la capacidad del dinosaurio de empujar con las extremidades superiores para "pivotar" en las patas traseras, convertía esta estructura, ahora conocida con el nombre de "thagomizer", en un arma eficaz. Esta hipótesis se mantiene porque se han descubierto numerosas lesiones en las espinas y en una vértebra de un *Allosaurus*, junto a un agujero que es una marca realizada con la espina de la cola de un *Stegosaurus*.

ALTIRHI

Al contrario que muchos dinosaurios parecidos, el *Altirhinus* era, principalmente, un bípedo cuando caminaba o corría. Las extremidades delanteras tenían la mitad de longitud que las traseras, pero los huesos masivos en la muñeca y los tres dedos del medio de la mano eran amplios y acaban en estructuras con forma de pezuñas. Este hecho indicaba que los brazos eran capaces de soportar el peso del dinosaurio y, por tanto, podía estar a cuatro patas cuando fuese necesario, por ejemplo, mientras se alimentaba de plantas terrestres. Su "pulgar" tenía un pincho fuerte que utilizaba como arma de defensa o para romper conchas y semillas.

NUS

Su nombre significa:
NARIZ ALTA

DÓNDE VIVIÓ:

Asia

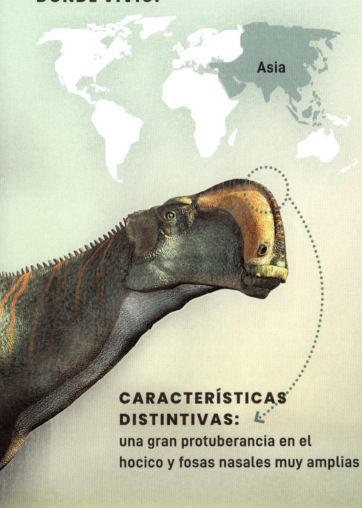

SU PESO:

1,1 toneladas

SU TAMAÑO:

6,5 m (21 pies)

CUÁNDO VIVIÓ:

hace 110 millones de años

TRIÁSICO	JURÁSICO	CRETÁCICO

CARACTERÍSTICAS DISTINTIVAS:
una gran protuberancia en el hocico y fosas nasales muy amplias

UNA NARIZ ALTA

Una de las características más distintivas del *Altirhinus* es la protuberancia grande y arqueada que tiene al final del hocico. Los paleontólogos creen que podía haber contenido estructuras especiales para regular la temperatura corporal, enfriando el aire aspirado o mejorando el olfato del dinosaurio. Otra hipótesis es que solo los machos tenían la protuberancia y que se utilizaba para exhibiciones o para emitir sonidos concretos durante el ritual de apareamiento.

La boca del *Altirhinus* tenía un espacio vacío amplio entre el pico en la parte frontal y los dientes en la parte interna. Esto habría permitido trabajar a ambas secciones de forma independiente: el dinosaurio podía cortar la vegetación con el pico y masticar con los dientes, todo al mismo tiempo.

IGUANO

El *Iguanodon* fue uno de los primeros dinosaurios que se encontraron en 1920, antes de que se acuñara el término "dinosaurio". La leyenda cuenta que Mary Ann Mantell encontró los primeros fósiles, que fueron algunos dientes, mientras que su marido, el Dr. Gideon Mantell, visitaba a un paciente. Parece ser que en realidad fue él quien los encontró, tal y como admitió unos años después. El Dr. Mantell se quedó intrigado con los dientes. Ya estaba fascinado con unos huesos que había encontrado años antes, los cuales tuvo que comprar para poder estudiarlos. Según él, los dientes pertenecían a un reptil herbívoro grande, ya extinguido. Aunque al principio algunos científicos, como el francés Georges Cuvier, estaban dudosos, él no se rindió y siguió con sus estudios. Descubrió que los dientes eran muy parecidos a los de las iguanas, que se alimentan de plantas, por lo que se confirmó la hipótesis. Del mismo modo, indicó que debía medir unos 12 m (40 pies) de longitud. Sin embargo, las primeras reconstrucciones del *Iguanodon* fueron erróneas: estaba representado como un lagarto con un cuerno peculiar en la nariz.

CARACTERÍSTICAS DISTINTIVAS: un pincho grande en el pulgar

DON

Su nombre significa:
DIENTES DE IGUANA

DÓNDE VIVIÓ:

Europa

SU PESO:

3-4 toneladas

SU TAMAÑO:

10-13 m (33-43 pies)

CUÁNDO VIVIÓ:

hace 126-122 millones de años

| TRIÁSICO | JURÁSICO | CRETÁCICO |

Los descubrimientos posteriores mostraron que el cuerno era la punta del pulgar, que se había transformado en un pincho largo y recto, con forma piramidal. Durante los años, la apariencia entera del *Iguanodon* ha sufrido muchos cambios y, en la actualidad, se representa en posición cuadrúpeda, aunque podía mantenerse con las patas traseras si era necesario. Su cabeza era muy grande y tenía un pico redondeado sin dientes. Había unos sesenta dientes en la parte interna de la boca, formando una única fila. La cola era recta y rígida por la presencia de los tendones osificados (estructuras fibrosas que se convertían en huesos con el tiempo) que la reforzaban. Tenía tres dedos en los pies y cinco en las manos.

Se encontraron muchos ejemplares en un yacimiento de fósiles situado en una mina de carbón belga, lo que sugiere que el *Iguanodon* viajaba en manadas: en concreto, parece que estos dinosaurios murieron juntos durante una inundación. Sin embargo, lo curioso es que las víctimas que solían morir en este tipo de catástrofes, que afectaban a muchas manadas, solían ser ejemplares jóvenes, pero en esta zona apenas había.

MANOS CON MUCHAS FUNCIONES

Además del pulgar puntiagudo, tenía tres dedos centrales que finalizaban en un hueso con una forma diferente a la del pulgar, más parecido a una pezuña, y un quinto dedo muy flexible (el meñique). En la actualidad, la mano del *Iguanodon* se ha reconstruido como una pezuña carnosa, compuesta por tres dedos centrales, los cuales soportaban el peso del animal, y dos dedos que sobresalen a los laterales: el pulgar y el meñique. El quinto dedo flexible y prensil podría haber facilitado al *Iguanodon* la tarea de cortar las hojas de las que se alimentaba, al mismo tiempo que se levantaba sobre las patas traseras. La función de su gran pulgar puntiagudo todavía está en debate. ¿Se utilizaba para herir a los atacantes, o como "herramienta" para deshojar las ramas? En la actualidad, todavía no hay una respuesta exacta. Puede que los descubrimientos del futuro nos proporcionen la respuesta.

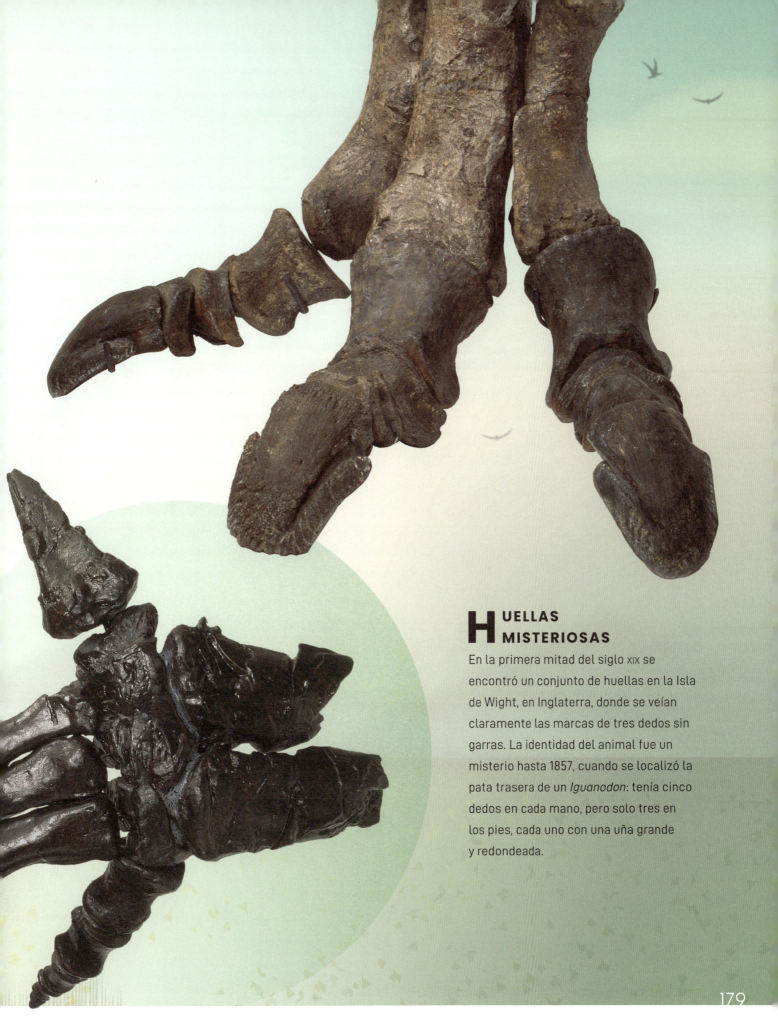

Huellas misteriosas

En la primera mitad del siglo XIX se encontró un conjunto de huellas en la Isla de Wight, en Inglaterra, donde se veían claramente las marcas de tres dedos sin garras. La identidad del animal fue un misterio hasta 1857, cuando se localizó la pata trasera de un *Iguanodon*: tenía cinco dedos en cada mano, pero solo tres en los pies, cada uno con una uña grande y redondeada.

LOS PTEROS

LOS PTEROSAURUS FUERON LOS PRIMEROS VERTEBRADOS QUE VOLARON LA TIERRA: LLENARON LOS CIELOS MILLONES DE AÑOS ANTES QUE LAS AVES Y LOS MURCIÉLAGOS, Y SE REPARTÍAN POR TODOS LOS CONTINENTES, DIVERSIFICÁNDOSE A LO LARGO DEL TIEMPO, DURANTE MÁS DE 140 MILLONES DE AÑOS.

Cuando los dinosaurios dominaban la tierra había otro grupo de reptiles, los Pterosaurus, que eran los reyes del cielo, los cuales permanecieron hasta el final de la era Mesozoica.

El primer Pterosaurus era muy pequeño y tenía una cola ósea y larga. En los ejemplares más tardíos la cola era más pequeña, incluso inexistente. Algunas de estas especies tardías eran enormes, aproximadamente del mismo tamaño que un avión pequeño.

Sus alas eran extremidades delanteras modificadas y sus cuatro dedos largos y excepcionales sujetaban una membrana de piel, el patagio, cuya amplia superficie equipaba a estos animales para planear. Es más que probable que estas especies con alas muy largas y estrechas pudieran volar de forma continua durante meses, como el albatros, posándose en la tierra solo para aparear o poner huevos. Los huesos de los Pterosaurus eran huecos, lo que hacía que fuesen muy ligeros y solo tenían unos mm de grosor. Las especies más grandes tenían puntales delgados en el interior de los huesos del ala, lo que los reforzaba sin añadir peso. Al contrario que las aves, los Pterosaurus también utilizaban sus voluminosas alas para caminar como cuadrúpedos y saltar.

AURUS

Su nombre significa:
REPTILES VOLADORES

Numerosos Pterosaurus tenían la cabeza mucho más grande que el cuerpo, haciendo que la mandíbula fuese una verdadera arma letal. En el Jurásico tardío, la cabeza del *Ramphoryncus* era casi tan larga como su cuerpo, pero durante el siguiente periodo, el Cretácico, la cabeza era más grande y algunas llegaban a medir cuatro veces el tamaño del cuerpo. Las partes que más desarrollaron fueron las expansiones en la mandíbula y las enormes crestas de la cabeza, mientras que el cráneo permanecía pequeño. Pese a esto, tenía un cerebro muy especializado, sobre todo el cerebelo, que era el responsable de la coordinación de los movimientos de las alas.

¿Cómo se reproducían los Pterosaurus? Todavía no está claro. Se ha obtenido cierta información de un fósil de *Darwinopterus* de hace 160 millones de años, encontrado en la provincia china de Liaoning: el ejemplar es una madre fosilizada y su huevo, expulsado del cuerpo tras su muerte. Los análisis químicos del huevo indican que la cáscara era suave y porosa. Esto sugiere que los Pterosaurus enterraban los huevos en suelo húmedo y que, al contrario que las aves, los jóvenes eran precoces y autosuficientes desde que nacían.

QUETZAL

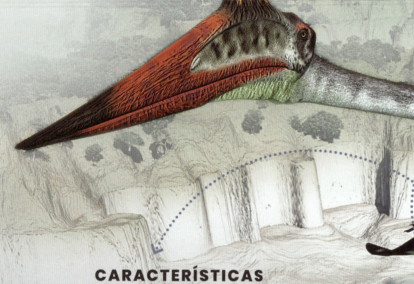

CARACTERÍSTICAS DISTINTIVAS:
su enorme tamaño

El *Quetzalcoatlus* era un reptil volador con patas largas y un par de alas bastante cortas en comparación con la proporción de su cuerpo. Lo más sorprendente de este reptil era el enorme tamaño que podía alcanzar, convirtiéndose en el pterosaurio más grande que se ha encontrado. Tenía un pico muy largo y afilado sin dientes, y una cresta craneal en la parte trasera de la cabeza, pero el tamaño y la forma todavía son desconocidos.

¿DEPREDADOR TERRESTRE O MARINO?

El *Quetzalcoatlus* era depredador, pero los paleontólogos no se han puesto de acuerdo sobre cómo cazaba a su presa. Al principio, se pensaba que se alimentaba rozando la superficie del agua con su pico largo y bajo para pescar peces.

COATLUS

Su nombre significa:
QUETZALCOAT, EL DIOS SERPIENTE

DÓNDE VIVIÓ:

América del Norte

SU PESO:

250 kg (551 libras)

SU TAMAÑO:

envergadura de 10 m (33 pies)

CUÁNDO VIVIÓ:

hace 68 millones de años

| TRIÁSICO | JURÁSICO | CRETÁCICO |

Sin embargo, las últimas investigaciones parecen mostrar que su gran tamaño habría sido incompatible con esta técnica de pesca, pues debido a la excesiva resistencia de la superficie del agua, los costes energéticos serían muy elevados. Además, las extremidades superiores e inferiores sugieren que estos reptiles voladores habrían sido mejores caminando por la tierra de lo que habíamos imaginado. Parece ser que el *Quetzacoatlus* comía como las cigüeñas actuales, caminaba como un cuadrúpedo y tragaba todo lo que podía meterse a la boca, incluyendo dinosaurios pequeños.

EL PODER DE VOLAR

Que el *Quetzalcoatlus* tuviera un cuello muy largo, tanto como el de la jirafa en la tierra, no significa que no pudiera volar. Al igual que los buitres en la actualidad, es probable que necesitara zonas grandes y abiertas para que las alas pudieran levantarse del suelo, pero una vez en el cielo, aprovechaba las corrientes de aire, comunes en los entornos cálidos en los que vivía. Esto significa que podía pasar mucho tiempo volando, sin gastar demasiada energía.

Estos gigantes volaban utilizando las cuatro extremidades para dar un salto hacia el cielo, batiendo las alas para elevarse. Los músculos pectorales fuertes del torso hacían posible este gran esfuerzo, los cuales eran bastante pequeños si se comparan con el resto del cuerpo.

PTERAN

El *Pteranodon* fue un reptil volador grande, muy extendido en el último periodo de la era Mesozoica. Se han encontrado alrededor de 1.200 esqueletos parciales, más que de cualquier otro pterosaurio.
Su cuerpo, que estaba cubierto por filamentos similares al pelo conocidos como "picnofibras", era bastante fornido en comparación con el tamaño de las alas, y no tenía cola. Por otro lado, las extremidades inferiores eran muy largas comparadas con el torso. Sin embargo, la característica más distintiva era la cabeza: el cráneo era enorme y tenía una gran cresta que crecía por la espalda. Puede que se utilizara para el reconocimiento de especies y, como la de los machos era más grande, para la exhibición sexual. Tal vez compensara las mandíbulas o fuese necesaria para la dirección del vuelo. Las hembras *Pteranodon*, que medían la mitad que los machos, solo tenían una pequeña fosa nasal.

ODON

Su nombre significa:
ALADO Y DESDENTADO

DÓNDE VIVIÓ:

América del Norte

CARACTERÍSTICAS DISTINTIVAS:
un pico alargado y desdentado

SU PESO:

20 kg (44 libras)

SU TAMAÑO:

envergadura de 6-7 m (120-123 pies)

CUÁNDO VIVIÓ:

hace 85 millones de años

| TRIÁSICO | JURÁSICO | **CRETÁCICO** |

Una máquina voladora

Además de las alas grandes hechas de piel, las cuales se extendían entre el cuarto dedo y el cuerpo, existen muchos más detalles anatómicos que confirman que el *Pteranodon*, al igual que otros pterosaurios, era un excelente volador: un esternón grande, articulaciones de los hombros reforzadas, uniones musculares en los huesos del brazo muy grandes, y huesos ligeros, pues no tenían más de 1 mm (0,04 pulgada) de grosor y su forma los hacía muy resistentes para las fuerzas aerodinámicas del vuelo. Los huesos huecos indicaban que el *Pteranodon* tenía un sistema de respiración eficaz: de hecho, el tejido respiratorio desde los pulmones se extendía a estos huesos, al igual que en las aves en la actualidad. El sistema también serviría para enfriar la sangre de los esfuerzos del vuelo.

Es probable que su gran tamaño evitara que el animal batiera las alas durante un tiempo prolongado, por lo que era un planeador, lo que reducía así su coste energético. Al igual que los albatros actuales, este gran pterosaurio pasaba mucho tiempo volando el océano y, en raras ocasiones, volvía a tierra, principalmente para criar. De hecho, se han encontrado varios fósiles de *Pteranodon* en ubicaciones que estaban a cientos de millas de la costa, por lo que es muy probable que el *Pteranodon* obtuviera la comida del mar.

UNA BOLSA DE LA COMPRA O COMER EN EL MOMENTO

El descubrimiento de escamas y huesos de pescado en la zona del estómago de un ejemplar sugiere que este animal se alimentaba de peces: el pico grande y desdentado se podría haber utilizado para atrapar a la presa que detectaba desde el cielo, confiando en la vista gracias a sus grandes ojos. La presencia de fragmentos de escamas y espinas de peces cerca del torso podrían afirmar que tenía una bolsa de piel debajo del pico, parecida a la de los pelícanos. Estudios recientes muestran que, a pesar de su tamaño, estos pterosaurios también podían bucear directamente en el mar, con las alas plegadas cerca del cuerpo, como los alcatraces.

CUANDO SOBREVOLABA EL OCÉANO EN BUSCA DE PECES, EL *PTERANODON* PODÍA CHOCAR CON FACILIDAD CON UN DEPREDADOR MÁS HAMBRIENTO QUE ÉL.

PTEROD

El *Pterodactylus* fue uno de los primeros reptiles encontrados a finales del siglo XVIII. El científico italiano Cosimo Collini escribió la primera descripción del fósil descubierto en la formación de la caliza de Solnhofen, en Bavaria. Por desgracia, se confundió al asumir que las alas eran aletas para nadar y lo describió como un animal marino. Fue el científico alemán Johann Hermann quién se dio cuenta de que el cuarto dedo de la mano debería haber soportado una membrana, muy similar al ala de los murciélagos. El gran anatomista Georges Cuvier le dio un nombre "apropiado".

CARACTERÍSTICAS DISTINTIVAS: un pico largo con 90 dientes

ACTYLUS

Su nombre significa:
DEDO ALADO

DÓNDE VIVIÓ:

Europa

SU PESO:

4,5 kg (10 libras)

SU TAMAÑO:

envergadura de 1 m (3,3 pies)

CUÁNDO VIVIÓ:

hace 150 millones de años

| TRIÁSICO | JURÁSICO | CRETÁCICO |

Activo durante el día

Los estudios sobre los anillos escleróticos, una estructura ósea que rodeaba la cuenca ocular, muestran que el *Pterodactylus* era un animal diurno y buscaba comida durante las horas de luz. Debido a la forma y el tamaño de los dientes, sus hábitos y estilos de vida eran muy parecidos a los de las aves marinas actuales. Se cree que conseguían el alimento del mar, principalmente pescando con su largo hocico pequeños invertebrados y peces.

La cresta

El descubrimiento de rastros de piel y fibras de colágeno, así como restos de fibra muscular, ha permitido realizar nuevas reconstrucciones sobre este animal. La teoría de que el *Pterodactylus* tenía una cresta pequeña, lisa y delgada en la cabeza hecha de tejido suave es bastante reciente. El tamaño de la cresta variaba según la edad: solo está completamente desarrollada en los adultos.

RHAMPHO

Nuestro conocimiento sobre el *Rhamphorynchus* se debe al descubrimiento de ejemplares muy bien conservados en el depósito de yacimientos Solnhofen, en Alemania, que muestran la estructura ósea y las huellas de órganos internos y membranas aladas, incluyendo el colgajo de piel en el extremo de la cola. Esto ha hecho posible establecer que estos pterosaurios no tenían ninguna cresta en la cabeza.

Estudios sobre este animal indican que podría haber sido más activo por la noche.

CARACTERÍSTICAS DISTINTIVAS: una cola larga con un colgajo de piel en el extremo

RHYNCHUS

Su nombre significa:
HOCICO CON PICO

DÓNDE VIVIÓ:

Europa

África

SU PESO:

2 kg (4,4 libras)

SU TAMAÑO:

envergadura de 1 m (3,3 pies)

CUÁNDO VIVIÓ:

hace 150 millones de años

| TRIÁSICO | JURÁSICO | CRETÁCICO |

¿Depredador o presa?

Tenía la boca llena de dientes largos y afilados, lo que sugiere que el *Rhamphorhynchus* era piscívoro. La boca funcionaba como una trampa para coger presas que se movían rápido bajo la superficie del agua.
Existe una prueba que sostiene esa teoría: hay un ejemplar que contiene los restos de un *Leptolepides*, que es un pez pequeño parecido a un arenque. El mismo ejemplar fue presa de un *Aspidorhynchus*, un pez depredador grande y rápido del mismo tamaño y apariencia que un lucio. El tejido fibroso de la membrana del ala del *Rhamphorhynchus* estaba entre sus dientes, y el pez no fue capaz de librarse de la presa ingesta. Ambos murieron en la lucha y se hundieron en el fondo marino, destinados a la fosilización.

LOS PTEROSAURUS PEQUEÑOS CRECEN RÁPIDO

Entre los ejemplares que se han encontrado, hay varios jóvenes. Los estudios de los restos fósiles han hecho posible que los paleontólogos establezcan un patrón de crecimiento, que parece poco frecuente. Cuando nacían, las crías empezaban a crecer muy rápido y alcanzaban la mitad del tamaño de un adulto en muy poco tiempo. No dependían de sus padres para alimentarse, pero no habrían podido volar con la destreza necesaria como para cazar comida.

Es probable que tuvieran una vida arbórea, escalando árboles como los hoazines jóvenes (un ave de América del Sur, cuyos polluelos tienen dos garras en cada ala) y alimentándose de artrópodos pequeños e insectos. Empezarían a volar al tener la mitad del tamaño de un adulto, cazando diferentes tipos de presas en el agua. Se desarrollaban al completo durante la segunda etapa de crecimiento, que era más lenta que la primera.

TAPEJAR

La característica más distintiva del *Tapejara* era la cresta de la cabeza, que era una placa ósea delgada que se extendía hacia arriba, debajo de la cuenca de los ojos. Es probable que funcionara como una especie de timón que permitía "cortar" el aire y asegurar un mejor rendimiento de vuelo. Puede que tuviera colores brillantes y se utilizara como elemento de exhibición para el reconocimiento de especies y, sobre todo, para atraer a las hembras durante la temporada de apareamiento.

CARACTERÍSTICAS DISTINTIVAS: una cresta semicircular en el hocico

Su nombre significa:
EL SER ANTIGUO

DÓNDE VIVIÓ:

América del Sur

SU PESO:

1 kg (2,2 libras)

SU TAMAÑO:

envergadura de 1,4 m (4,6 pies)

D IETA BASADA EN FRUTOS

El pico corto y desdentado podría haber sido adecuado para recoger fruta y bayas porque, al contrario que la mayoría de Pterosaurus carnívoros, el *Tapejara*, debido a su tamaño modesto, es probable que fuese frugívoro. De hecho, el pico era muy parecido al de las aves que actualmente se alimentan de frutos, como los loros y los bucerótidos: fuerte y robusto, adecuado para triturar semillas, piñas de pinos y cáscaras de nuez.

CUÁNDO VIVIÓ:

hace 112 millones de años

| TRIÁSICO | JURÁSICO | CRETÁCICO |

E N LA TIERRA Y EN EL AIRE

Aunque las alas indican que este animal es capaz de volar, el *Tapejara*, sin duda, era ágil en la tierra: caminaba plegando las alas hacia atrás y poniendo las manos en el suelo, en una postura cuádruple, lo que también habría hecho posible que corriera durante pequeños periodos de tiempo. Para volar, es probable que se lanzara desde un sitio alto, ganando altitud con rápidos golpes de ala. El *Tapejara* nunca se alejaba demasiado de la costa.

TUPANDA

La cresta en la cabeza de este reptil volador debía tener un aspecto un poco extraño, y era tan grande que los paleontólogos no podían imaginar cómo podía volar, ni siquiera cómo podía sostener o mover la cabeza. Las señales de los restos indican la presencia de queratina, lo que es probable que hiciera esta estructura incluso más grande. Las especies *Tupandactylus imperator* tenían una punta larga y ósea que se extendía hacia atrás detrás de la cabeza, y una cresta más pequeña en la parte inferior de la mandíbula, como una quilla.

CARACTERÍSTICAS DISTINTIVAS: la cresta más grande de todos los reptiles voladores conocidos

CTYLUS

Su nombre significa:
DEDO DEL DIOS TUPÍ

DÓNDE VIVIÓ:

América del Sur

PERMANECE CÁLIDO

Como muchos otros Pterosaurus, el cuerpo del *Tupandactylus* estaba cubierto de filamentos similares al pelo, conocidos como "picnofibras", incluídas las mandíbulas. Había de dos tipos: una más larga (de hasta 4 cm/1,6 pulgadas), delgada y clara de color, y otra más gruesa, corta (menos de 1 cm/0,4 pulgadas) y oscura. Se cree que servía para conservar el calor, como el pelaje, y puede que para exhibiciones sexuales.

SU PESO:

50-60 kg (110-132 libras)

SU TAMAÑO:

envergadura de 5 m (16,4 pies)

CUÁNDO VIVIÓ:

hace 112 millones de años

| TRIÁSICO | JURÁSICO | **CRETÁCICO** |

MENÚ ACTUAL

Los fósiles de *Tupandactylus* suelen asociarse con un entorno lacustre (lago). Por ello, es adecuado pensar que se alimentaban de una dieta basada en peces, aunque investigaciones científicas más recientes basadas en la forma de su mandíbula desdentada sugieren que el animal podría haber disfrutado de variedad de comidas, las cuales incluirían fruta y semillas, así como vertebrados, convirtiéndose en omnívoro.

203

eudimor

El *Eudimorphodon* fue descubierto a principios de 1970 en Cene, cerca de la ciudad de Bérgamo, en el norte de Italia. Se considera uno de los Pterosaurus antiguos más conocidos. Tenía una cola larga y ósea con un colgajo de piel en el extremo que le ayudaba a girar cuando volaba. Se han encontrado numerosos esqueletos de esta especie, incluyendo algunos ejemplares jóvenes. Debido a la forma del esternón, se cree que este Pterosaurus podía batir las alas.

El debate de los dientes

Este animal tenía más de 100 dientes empaquetados dentro de una boca de menos de 8 cm (3 pulgadas), en la que hay diversas diferencias evidentes, muchos más que los del Pterosaurus *Dimorphodon* descubierto con anterioridad. Los dientes de la parte delantera eran largos y afilados, mientras que los de la parte interna eran más pequeños, con más cúspides y tenían seis colmillos que sobresalían en la parte delantera (cuatro en la mandíbula superior y dos en la inferior). Los dientes superiores e inferiores estaban en contacto directo cuando las mandíbulas se cerraban. Este es el grado de oclusión dental más fuerte entre los pterosaurios, y era perfecto para coger peces.
El desgaste dental muestra que el *Eudimorphodon* también se alimentaba de invertebrados de concha dura, y era capaz, al menos parcialmente, de masticar la comida.

CARACTERÍSTICAS DISTINTIVAS: dos tipos diferentes de dientes

PHODON

Su nombre significa:
DIENTES DE DOS TIPOS

DÓNDE VIVIÓ:

Europa

SU PESO:

700 g (0,7 libras)

SU TAMAÑO:

envergadura de 80 cm (31,5 pulgadas)

CUÁNDO VIVIÓ:

hace 220 millones de años

| TRIÁSICO | JURÁSICO | CRETÁCICO |

Conductores experimentados

Los paleontólogos han descubierto que el *Eudimorphodon* tenía un método avanzado de pesca, el cual implicaba sumergirse repetidamente gracias a la gran cabeza, que soportaba un cuello bajo y formido, y a los huesos cortos de las manos. Agarraba a la presa en la boca como, por ejemplo, lo hace el alcatraz en la actualidad. Esta técnica requería muy buena vista subacuática y músculos de alas muy fuertes para impulsarse fuera del agua y volar por el aire.

LOS REPTILE

En la Era de los Dinosaurios, los océanos estaban habitados por reptiles perfectamente adaptados a la vida acuática. En el Triásico, estos animales se extendieron por los océanos y rápidamente evolucionaron a una variedad de formas y tamaños. Algunos de estos primeros reptiles marinos tenían patas, por lo que era posible que salieran del agua y vivieran en la orilla, como las focas en la actualidad. Sin embargo, otros eran muy parecidos a los peces y solo vivían en el agua, aunque tenían que subir a la superficie de forma regular a coger aire. Tenían pulmones en vez de branquias, lo que indica que necesitaban aire para sobrevivir, como los delfines. El cuerpo era hidrodinámico con extremidades en forma de aleta y colas fuertes, lo que hacía que fueran nadadores ágiles.

Al final del Triásico, hace unos 200 millones de años, una extinción masiva acabó con casi todos los reptiles marinos que dominaban los océanos de nuestro planeta.

S MARINOS

Los supervivientes tardaron tiempo en recuperarse, pero en los siguientes 135 millones de años, algunos de ellos evolucionaron a los depredadores más fuertes que han existido.
Su tamaño era tan impresionante como el de los dinosaurios carnívoros grandes: algunos, como el *Pliosaurus* o el *Elasmosaurus*, eran enormes.

Diferentes estilos de nado

Las distintas especies de reptiles marinos se movían por el agua de forma diferente: algunos utilizaban las cuatro extremidades para nadar, otros solo las delanteras, y las traseras para cambiar de dirección. Algunos animales, por ejemplo, el *Ichthyosaurus*, tenían una cola fuerte que proporcionaba propulsión y empuje, lo que hacía que se movieran como un tiburón, mientras que utilizaban las extremidades en forma de aleta para la estabilidad y la dirección.

No me llames dinosaurio

La mayoría de los reptiles marinos pertenecen a una rama diferente del árbol genealógico de los reptiles y estaban más relacionados con los lagartos y las serpientes que con los dinosaurios.

LOS REPTILES MARINOS NO SON DINOSAURIOS Y NO FORMAN PARTE DEL GRUPO DE REPTILES CONOCIDO COMO ARCOSAURIOS.

STENOPT

El *Stenopterygius* es muy similar al atún, aunque tiene el hocico más pequeño y largo. Los cien ejemplares que se han encontrado en Inglaterra, Francia, Alemania y otras partes de Europa han hecho posible aprender mucho sobre este reptil, desde la forma y el color hasta sus costumbres. La información obtenida gracias a los esqueletos nos indica que podían llegar a medir entre 3 y 4 m (10-14 pies), dependiendo de la especie. Tenía dos aletas pectorales y dos ventrales y la parte final de la columna vertebral curvada hacia abajo. Sin embargo, se obtuvo más información sobre el *Stenopterygius* gracias a los fósiles bien conservados, como los que se encontraron en el yacimiento fósil Holzmaden en Alemania, cuyas características hicieron posible la conservación de las partes más delicadas del reptil. Además de los huesos, algunos de estos ejemplares muestran la huella del cuerpo del animal, como si se hubiera trazado una línea alrededor de él. Así descubrimos que el *Stenopterygius* tenía otra aleta en la espalda, la cual no se había podido ver en los esqueletos porque no tenía huesos, y que la cola no era recta ni curvada hacia abajo, sino que tenía forma de medialuna: la espina curvada hacia abajo para reforzar la parte baja de la aleta caudal, mientras que la sección superior estaba sujeta por un cartílago (al contrario que en los tiburones). Se encontró piel en los fósiles que proporcionó información sobre el color: al igual que muchos peces y cetáceos en la actualidad, el *Stenopterygius* tenía la espalda negra y la barriga de color claro. Su apariencia y constitución eran adecuadas para cazar y defenderse en el entorno en el que vivía.

ERYGIUS

Su nombre significa:
ALETA ESTRECHA

DÓNDE VIVIÓ:

Europa

SU PESO:

600 g (1320 libras)

SU TAMAÑO:

4 m (13 pulgadas)

CUÁNDO VIVIÓ:

hace 183-175 millones de años

| TRIÁSICO | JURÁSICO | CRETÁCICO |

CARACTERÍSTICAS DISTINTIVAS:
aletas estrechas

Pasaba la mayor parte del tiempo en mar abierto y es probable que atacara a su presa, peces pequeños, reptiles pequeños y cefalópodos (como los amonites) desde atrás, por lo que el color de la espalda se camuflaría en la oscuridad de las profundidades del mar. Por otro lado, cuando subía a la superficie a por aire, su barriga clara hacía difícil poder distinguirlo por la luz que venía de la superficie, por lo que lo protegía de ser atacado por los depredadores, donde se incluye el *Plesiosaurs*.

UN NACIMIENTO FOSILIZADO

Se han encontrado diversos fósiles de *Stenopterygius* que tenían esqueletos de embriones. Estos reptiles marinos, al igual que otros reptiles, eran ovovíparos. Esto significa que, aunque producían huevos, los mantenían en el abdomen hasta que los ponían, dando a luz a crías muy desarrolladas. Hay un ejemplar que debió congelarse justo cuando daba a luz: es una hembra adulta con una cría a medio camino dentro de su cuerpo. Al igual que los delfines, el *Stenopterygius* daba a luz a las crías con la cola por delante: de hecho, obtenían oxígeno del aire, no del agua, por lo que se hubieran ahogado si hubieran salido de cabeza.

213

TYLOSAU

El *Tylosaurus* es un reptil marino que pertenece a la familia de los mosasaurios y es uno de los miembros más grandes. Una de sus características distintivas es la forma del hocico, que tiene una protuberancia en la parte delantera, lo que lo hace muy robusto. Este hecho, unido a varios fósiles dañados encontrados, los cuales muestran marcas repetidas de impactos y embestidas, sugirió que el *Tylosaurus* utilizaba su mandíbula reforzada para embestir a su presa lo suficientemente fuerte como para aturdirla. Es posible que atacara a otros reptiles marinos cuando subía a la superficie o al aire: esto los volvería inofensivos, se ahogarían y, por tanto, sería más fácil devorarlos.

Además de embestir a su presa, podemos asumir que el *Tylanosaurus* utilizaba su rostra reforzada para embestir otros ejemplares de la misma especie, con el objetivo de demostrar su supremacía en zonas de caza. El *Tylanosaurus* fue un gran depredador, estaba al principio de la cadena alimentaria marina, lo que indica que podía cazar prácticamente cualquier forma de vida que se cruzase en su camino. Se ha encontrado el contenido del estómago en muchos ejemplares fósiles de estos grandes reptiles, que contenían mosasaurios, plesiosaurios y tiburones, pero también tortugas y amonites, lo que afirma lo expuesto anteriormente.

Las crías no tenían protuberancia reforzada en la mandíbula, lo que sugiere que utilizaban más los dientes que los adultos para matar a sus presas. Esto fue confirmado en 2018, cuando se encontró un cráneo de un pie grande de *Tylosaurus* sin protuberancia en el hocico. Sin embargo, tan pronto como empezaban a cazar en modo "adulto", la protuberancia ya estaba presente en los cráneos que eran ligeramente más grandes.

RUS

Su nombre significa:
LAGARTO CON PROTUBERANCIA

DÓNDE VIVIÓ:

- América del Norte
- Europa
- África

SU PESO:

7 toneladas

SU TAMAÑO:

13 m (42,6 pies)

CARACTERÍSTICAS DISTINTIVAS:
una cola muy larga

CUÁNDO VIVIÓ:

hace 92-80 millones de años

| TRIÁSICO | JURÁSICO | CRETÁCICO |

eLASMO

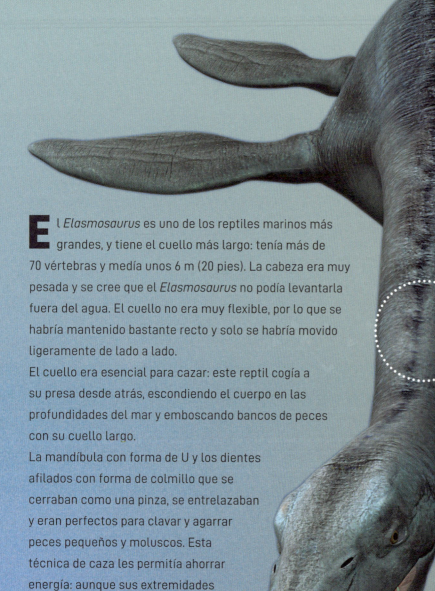

El *Elasmosaurus* es uno de los reptiles marinos más grandes, y tiene el cuello más largo: tenía más de 70 vértebras y medía unos 6 m (20 pies). La cabeza era muy pesada y se cree que el *Elasmosaurus* no podía levantarla fuera del agua. El cuello no era muy flexible, por lo que se habría mantenido bastante recto y solo se habría movido ligeramente de lado a lado.

El cuello era esencial para cazar: este reptil cogía a su presa desde atrás, escondiendo el cuerpo en las profundidades del mar y emboscando bancos de peces con su cuello largo.

La mandíbula con forma de U y los dientes afilados con forma de colmillo que se cerraban como una pinza, se entrelazaban y eran perfectos para clavar y agarrar peces pequeños y moluscos. Esta técnica de caza les permitía ahorrar energía: aunque sus extremidades eran muy parecidas a unos remos y el cuerpo tenía forma hidrodinámica, el *Elasmosaurus* no era un nadador muy rápido.

CARACTERÍSTICAS DISTINTIVAS: un cuello muy largo

Debido a su forma, que podría haberle hecho muy torpe en la tierra, es probable que el *Elasmosaurus* nunca saliera del agua, ni siquiera para poner huevos. Los paleontólogos creen que, al igual que muchos otros reptiles marinos, las hembras de esta especie también llevaban los huevos en el abdomen, dando a luz a crías.

SAURUS

Su nombre significa:
LAGARTO DE PLACA DELGADA

DÓNDE VIVIÓ:

América del Norte

SU PESO:

3 toneladas

SU TAMAÑO:

10 m (33 pies)

¿Cabezas o colas?

En 1868 el famoso paleontólogo Edward Cope reconstruyó al *Elasmosaurus* de forma errónea: puso la cabeza al final de la cola. El científico confundió las vértebras de la cola con las del cuello, puede que por la gran longitud del cuello. El error no pasó desapercibido por uno de sus mayores enemigos, el paleontólogo Othniel Charles Marsh, quien durante décadas aprovechó cualquier oportunidad para señalar el error de su colega. Este desacuerdo hizo más grande la rivalidad entre ambos paleontólogos y en los años siguientes compitieron en la famosa Bone Wars.

CUÁNDO VIVIÓ:

hace 80 millones de años

TRIÁSICO | JURÁSICO | **CRETÁCICO**

MOSASA

El *Mosasaurus* es un reptil marino enorme con una constitución muy fuerte. Las extremidades eran muy parecidas a unas aletas, mientras que la cola era larga, fuerte y probablemente curvada hacia abajo en el extremo. El cráneo se afinaba en la punta y los dientes afilados y cónicos, que se reemplazaban continuamente, eran perfectos para matar y desgarrar a la presa. Su tamaño nos hace pensar que sus presas favoritas eran más grandes y lentas, como las de otros reptiles marinos. Los ojos estaban situados a los laterales de la cabeza, por lo que el *Mosasaurus* no era capaz de medir las distancias entre él y su presa, lo que significa que este gigante oceánico no se basaba en la velocidad para perseguir a sus víctimas. El método de caza más probable y eficaz podría haber sido esperar en la zona superior del océano a otros reptiles marinos que subían a por aire. Esto habría facilitado el momento de atacar a su presa, puesto que estaban en

la parte del océano más ligera y no podían bucear sin coger primero aire. El *Mosasaurus* podía emboscar a sus presas impulsándose con un movimiento de cola rápido, pero corto. Aunque el ataque no matara a la presa, el *Mosasaurus* podía perseguirla hasta que ésta se cansara.

URUS

Su nombre significa:
LAGARTO DEL RÍO MOSA

DÓNDE VIVIÓ:
América del Norte
Europa

SU PESO:
15 toneladas

SU TAMAÑO:
hasta 15 m (50 pies)

COMBATE ENTRE *MOSASAURUS*

Muchos fósiles de cráneos de *Mosasaurus* muestran señales de heridas graves, en ocasiones fatales, probablemente causadas por un ejemplar de la misma especie. Existen evidencias de esta hipótesis, pues hay un esqueleto de *Mosasaurus* con un diente de otro *Mosasaurus* incrustado en la mandíbula, debajo del ojo. Hay signos de curación alrededor de la herida, por lo que en este caso la víctima habría sobrevivido al ataque. Otro fósil muestra heridas en varios huesos, concretamente en zonas de alrededor de la parte trasera del cráneo y el cuello. Ninguno muestra signos de curación, lo que significa que el atacante mató al *Mosasaurus* con un golpe mortal en la cabeza.

CUÁNDO VIVIÓ:
hace 70-66 millones de años

TRIÁSICO	JURÁSICO	CRETÁCICO

CARACTERÍSTICAS DISTINTIVAS:
una cola muy larga

ICHTHYO

La característica más distintiva del *Ichthyosaurus* es su gran parecido al pez o al delfín: esta forma es la más eficaz para moverse en el agua. Debido a su morfología, el *Ichthyosaurus* no era capaz de salir del océano e ir a tierra, por lo que vivía una vida acuática.

El *Ichthyosaurus* era cazador y en su dieta predominaban los peces. Estos hábitos de comida se han confirmado al encontrar peces y calamares en sus excrementos fósiles (cropolitos).

El sentido principal del *Ichthyosaurus* para cazar era la vista, aunque la estructura ósea sólida de los tímpanos sugiere que podría haber "oído" a las presas a distancia, gracias a las vibraciones del agua.

Algunos ejemplares han revelado que el *Ichthyosaurus* no ponía huevos, pero daba a luz a crías vivas, como los delfines, que nacían del cuerpo de la madre, saliendo primero la cola, evitando que se ahogaran mientras nacían.

CARACTERÍSTICAS DISTINTIVAS:
un hocico afinado y una aleta dorsal

SAURUS

Su nombre significa:
LAGARTO PEZ

DÓNDE VIVIÓ:

Europa

SU PESO:

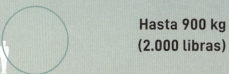

Hasta 900 kg
(2.000 libras)

SU TAMAÑO:

hasta 3,3 m (10,8 pies)

CUÁNDO VIVIÓ:

hace 200-190 millones de años

| TRIÁSICO | JURÁSICO | CRETÁCICO |

E L CAZADOR FÓSIL

El primer esqueleto de *Ichthyosaurus* fue localizado por Mary Anning, aunque su hermano mayor, que acababa de cumplir 15 años, ya había encontrado el cráneo entre las rocas de los acantilados de Lyme Regis, en Inglaterra en 1811. Al principio se creía que el cráneo pertenecía a un cocodrilo, pero cuando Mary desenterró el resto del esqueleto unos meses después, se volvió a clasificar y el naturalista Charles Konig le puso el nombre de *Ichthyosaurus*. Mary tenía 12 años, pero en los años posteriores encontró más fósiles de *Ichthyosaurus* y de otras especies de reptiles marinos, además del primer reptil volador en Inglaterra.

PLIOSAU

El primer fósil de *Pliosaurus* fue descrito en 1841 por Richard Owen, el paleontólogo que acuñó el término "dinosaurio". Este reptil era uno de los depredadores más temibles de su tiempo.

Al contrario que sus parientes de cuello largo, el *Pliosaurus* tenía una cabeza muy extensa, adaptada para cazar un amplio rango de presas pequeñas y grandes, como otros reptiles marinos. Su preferencia por los animales grandes se demuestra en los dientes, que medían más de 30 cm (12 pulgadas) y en las mandíbulas masivas, que hacían que su bocado fuera muy fuerte y eficaz contra las presas voluminosas, como los plesiosaurios, ictiosaurios, pequeños pliosáuridos y, probablemente, peces gigantes.

Utilizaba los dientes frontales afilados y robustos para atravesar y matar a sus víctimas, mientras que los dientes traseros eran para empujar la comida a la garganta.

CARACTERÍSTICAS DISTINTIVAS:
una cabeza muy grande comparada con el cuerpo

RUS

Su nombre significa:
MÁS PARECIDO AL LAGARTO

DÓNDE VIVIÓ:

Europa

América del Sur

SU PESO:

6-10 toneladas

SU TAMAÑO:

10-13 m (33-42,6 pies)

CUÁNDO VIVIÓ:

hace 150 millones de años

| TRIÁSICO | JURÁSICO | CRETÁCICO |

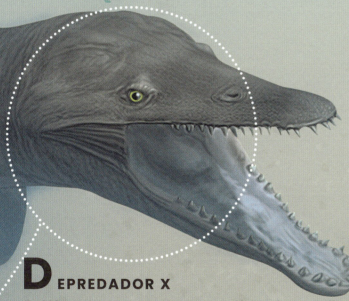

D EPREDADOR X

En 2006 se desenterraron fragmentos fósiles de un reptil marino en la isla del Archipiélago Ártico de Svalbard. Los restos eran 20.000 piezas, y llevó mucho tiempo reconstruir al animal. Las piezas se colocaron unas con otras despacio, como un rompecabezas, y el resultado fue un *Pliosaurus* enorme, de 15 m (50 pies) de longitud apodado "Depredador X". En la actualidad el Depredador X tiene el nombre científico de *Plosaurus funkei*, y se estima que mide entre 10 y 12,8 m (42 pies). Aunque se ha "acortado", el Depredador X sigue siendo el *Pliosaurus* más grande conocido hasta la fecha.

225

PLESIOS

CARACTERÍSTICAS DISTINTIVAS: un cuello largo y una cola rechoncha

A principios del siglo XIX, cuando la paleontóloga Mary Anning descubrió los primeros ejemplares en los acantilados de Lyme Regis, en Inglaterra, el *Plesiosaurus* fue descrito como "una serpiente ensartada en el caparazón de una tortuga".

Aunque el *Plesiosaurus* no tiene nada que recuerde al caparazón de una tortuga, es una bonita descripción. Era un reptil con cuello largo y cabeza pequeña. El cuerpo era amplio y la cola corta y rechoncha. Sus cuatro aletas, transformadas en remos, eran muy parecidas a las de la tortuga. Tenía 5 dedos en las manos y en los pies, lo que había desproporcionado el número de falanges (huesos de todos los dedos).

El *Plesiosaurus* utilizaba las cuatro extremidades para nadar y, por tanto, no era muy rápido, aunque sí muy ágil. Esta habilidad, junto con una boca llena de dientes puntiagudos, lo convertía en un depredador peligroso, aunque parece que principalmente cazaba peces y cefalópodos, como amonites.

El *Plesiosaurus* era ovovíparo, pero al contrario que otros reptiles marinos, es probable que solo diera a luz a una cría.

AURUS

Su nombre significa:
CASI UN LAGARTO

DÓNDE VIVIÓ:

Europa

UN CUELLO LARGO

El *Plesiosaurus* se suele representar con el cuello fuera del agua, ágil y flexible como el de un cisne, pero estudios sobre las vértebras han revelado que era bastante rígido. Además, aunque se dé por hecho que podía levantar el peso del cuello, no podría haber mantenido una posición de nado adecuada, pues se habría inclinado hacia delante por completo. Es probable que el cuello estuviera recto delante del cuerpo, solo doblándose hacia los laterales.

SU PESO:

450 kg (992 libras)

SU TAMAÑO:

4-5 m (13-16,5 pies)

CUÁNDO VIVIÓ:

hace 190-180 millones de años

| TRIÁSICO | JURÁSICO | CRETÁCICO |

LIOPLEU

Las características más distintivas del *Liopleurodon* son el cráneo grande, que mide alrededor de una quinta parte del tamaño del cuerpo, y la cola relativamente corta. El tamaño del cráneo y los dientes, que están situados muy dentro de las mandíbulas, sugieren que este reptil marino tenía un bocado muy potente. Sus extremidades con forma de remo indican que no podía moverse muy rápido, pero podía nadar a gran velocidad durante periodos cortos, convirtiéndose en un excelente cazador en emboscada. Sus fosas nasales también lo convertían en un gran depredador: los estudios sobre el cráneo han revelado que su posición permitía al *Liopleurodon* encontrar presas incluso fuera de su campo de visión, puede que al oler la sangre de animales heridos por otros depredadores.

CARACTERÍSTICAS DISTINTIVAS: una cabeza muy grande en comparación con el cuerpo

RODON

Su nombre significa:
DIENTES DE LADOS LISOS

DÓNDE VIVIÓ:

Europa

SU PESO:

3 toneladas

SU TAMAÑO:

6-7 m (19,7-23 pies)

CUÁNDO VIVIÓ:

hace 166-155 millones de años

| TRIÁSICO | JURÁSICO | CRETÁCICO |

El robot Madeleine

Un robot subterráneo llamado Madeleine ha ayudado a los científicos a entender los patrones de nado de muchos animales actuales, como los de las tortugas marinas y los pingüinos, pero también de ejemplares extinguidos como el *Liopleurodon* y otros plesiosaurios. Detectaron que la velocidad del robot no aumentaba cuando usaba las cuatro aletas, en vez de dos, quizá porque las aletas delanteras creaban turbulencias que interferían con la capacidad de las aletas traseras para generar propulsión. Sin embargo, Madeleine era capaz de realizar arranques y paradas más rápido con todas las aletas.

Los paleontólogos pensaron que los plesiosaurios, al contrario que los animales actuales, utilizaban las cuatro aletas para nadar con el fin de tomar ventaja de la rápida aceleración para emboscar a la presa.

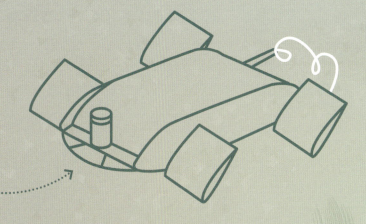

EXTINCIÓ

LA EXTINCIÓN ES LA DESAPARICIÓN DEFINITIVA DE ESPECIES VIVAS. AUNQUE NO NOS DEMOS CUENTA, DECENAS DE ESPECIES SE EXTINGUEN CADA DÍA, PERO HAY SITUACIONES QUE DAN LUGAR A LA DESAPARICIÓN REPENTINA DE CIENTOS DE ESPECIES AL MISMO TIEMPO Y, DEBIDO A SU ESCALA, SE LES LLAMA EXTINCIONES MASIVAS

Durante la historia de la vida en la Tierra han tenido lugar, al menos 5 extinciones masivas, dos de ellas mataron a los dinosaurios: la primera marcó el inicio de la Era Mesozoica, hace 252 millones de años, y la segunda marcó su final, hace 66 millones de años.

La primera fue más catastrófica, pero la segunda es más famosa porque todo el mundo la recuerda como "la extinción de los dinosaurios".

Este suceso causó la desaparición de ¾ partes de las formas de vida y es más conocida porque una de ellas fueron los dinosaurios.

Ha habido un gran debate sobre qué causó dicha extinción, pero siempre se han manejado solo dos posibilidades: el impacto de un meteorito gigante, o erupciones volcánicas enormes. Ambas hipótesis tienen sus pruebas: en todo el mundo existe un elemento concreto llamado iridio en las rocas que se formaron hace 66 millones de años, el cual es muy raro en la corteza de la tierra, pero muy habitual en los meteoritos: mientras que en India hay flujos de lava que cubren un área de alrededor de 500.000 km2 (2000.000 millas cuadradas), que data de alrededor del final del Cretácico.

Los diferentes estudios recientes y el descubrimiento en 1990 de un cráter gigante cerca de Chicxulub (México), con un diámetro de 180 km (112 millas) ha inclinado la balanza hacia la teoría de que un meteorito fuese la causa principal de esta extinción masiva.

Por tanto, hace 66 millones de años, un objeto de 15 km (9 millas) de anchura procedente del espacio impactó sobre nuestro planeta, desencadenando una serie de sucesos que alteraron su equilibrio: fuegos, terremotos y tsunamis son algunos ejemplos, junto con el polvo liberado desde el lugar

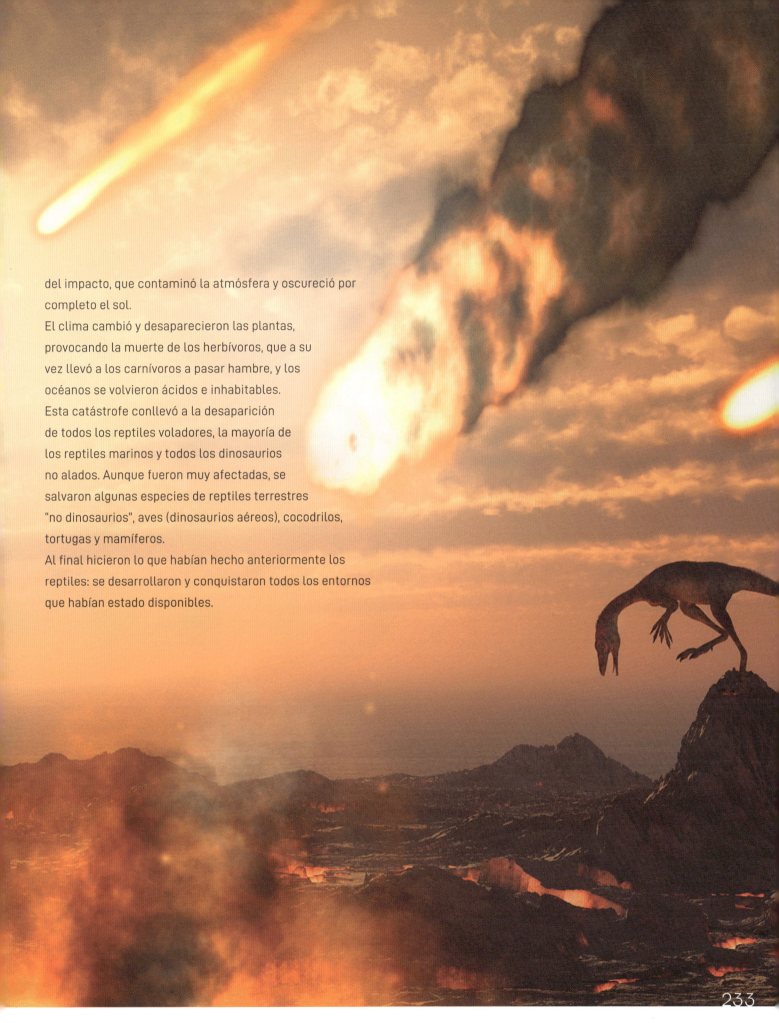

del impacto, que contaminó la atmósfera y oscureció por completo el sol.
El clima cambió y desaparecieron las plantas, provocando la muerte de los herbívoros, que a su vez llevó a los carnívoros a pasar hambre, y los océanos se volvieron ácidos e inhabitables.
Esta catástrofe conllevó a la desaparición de todos los reptiles voladores, la mayoría de los reptiles marinos y todos los dinosaurios no alados. Aunque fueron muy afectadas, se salvaron algunas especies de reptiles terrestres "no dinosaurios", aves (dinosaurios aéreos), cocodrilos, tortugas y mamíferos.
Al final hicieron lo que habían hecho anteriormente los reptiles: se desarrollaron y conquistaron todos los entornos que habían estado disponibles.

PARQUES TEMÁTICOS

El mejor espacio para aprender sobre dinosaurios, observar sus restos y ver reconstrucciones a tamaño real son los museos de historia natural, donde se conservan y exhiben colecciones de fósiles y esqueletos a tamaño real. Por otro lado, los parques temáticos también tienen espacios fósiles donde todavía se pueden ver restos de dinosaurios incrustados en las rocas, o parques recreacionales donde puedes ver modelos reales de dinosaurios y disfrutar de otras actividades de ocio. A continuación, encontrarás un listado de los museos y parques temáticos más importantes del mundo, junto a sus páginas web.

**DINOSAUR PARK
(MÜNCHEHAGEN, ALEMANIA)**
https://www.dinopark.de

**DINOSAUR ADVENTURE
(NORFOLK, REINO UNIDO)**
https://www.roarrdinosauradventure.co.uk

**DINOSAUR NATIONAL MONUMENT
(JENSEN, COLORADO, EE. UU.)**
https://www.nps.gov/dino/index.htm

**PRÉHISTODINO PARC
(LACAVE EN QUERCY, FRANCIA)**
https://prehistodino.com

**GONDWANA – DAS PRAEHISTORIUM
(SCHIFFWEILER, ALEMANIA)**
https://www.gondwana-das-praehistorium.de

**DINOSAUR LAND
(RÜGEN, ALEMANIA)**
https://www.dinosaurierland-ruegen.de

**PARCO PREISTORICO
(RIVOLTA D'ADDA, ITALIA)**
https://www.parcodellapreistoria.it

**DINO PARQUE
(LOURINHA, PORTUGAL)**
https://www.dinoparque.pt

**ECO PARK
(BAGUIÓ, FILIPINAS)**
https://www.baguiocityguide.com

**CHINESE
DINOSAUR PARK**
https://www.cnkly.com

**DINOSAUR VALLEY STATE PARK
(GLEN ROSE, TEXAS, EE. UU.)**
https://tpwd.texas.gov/state-parks/dinosaur-valley

**DINOPARK FUNTANA
(CROACIA)**
https://dinopark.hr

Y MUSEOS

MUSEO DI STORIA NATURALE
(MILÁN, ITALIA)
https://museodistorianaturalemilano.it

MUSEO DEL JURÁSICO DE ASTURIAS
(COLUNGA, ESPAÑA)
http://www.museojurasicoasturias.com

MUSEUM FÜR NATURKUNDE
(BERLÍN, ALEMANIA)
https://www.museumfuernaturkunde.berlin

FIELD MUSEUM
(CHICAGO, EE. UU.)
https://www.fieldmuseum.org

NATURAL HISTORY MUSEUM
(LONDRES, REINO UNIDO)
https://www.nhm.ac.uk

ROYAL BELGIAN INSTITUTE
OF NATURAL SCIENCES
(BRUSELAS, BÉLGICA)
https://www.naturalsciences.be

ROYAL TYRRELL MUSEUM
OF PALENTOLOGY
(DRUMHELLER, ALBERTA, CANADÁ)
https://tyrrellmuseum.com

THE CHILDREN'S MUSEUM
(INDIANNÁPOLIS, INDIANA, EE. UU.)
https://www.childrensmuseum.org

NATIONAL DINOSAUR MUSEUM
(CANBERRA, AUSTRALIA)
https://nationaldinosaurmuseum.com.au

WYOMING DINOSAUR CENTER
(THERMOPOLIS, WYOMING, EE. UU.)
https://wyomingdinosaurcenter.org

MUSEO PALEOLAB DI PIETRAROJA
(PIETRAROJA, ITALIA)
https://www.entegeopaleontologico.it

IZIKO MUSEUM
(CAPE TOWN, SUDÁFRICA)
https://www.iziko.org.za

FERNBANK MUSEUM
OF NATURAL HISTORY
(ATLANTA, EE. UU.)
https://www.fernbankmuseum.org

SMITHSONIAN MUSEUM
OF NATURAL HISTORY
(WASHINGTON DC, EE. UU.)
https://naturalhistory.si.edu

FUKUI DINOSAUR MUSEUM
(KATSUYAMA, JAPÓN)
https://www.dinosaur.pref.fukui.jp/en

NATURAL HISTORY MUSEUM
(PARÍS, FRANCIA)
https://www.mnhn.fr/en

GLOSARIO

ALAS: extremidades que hacen posible mantenerse en el aire.

ALETA: estructura que permite a los animales moverse o tener mejor estabilidad bajo el agua.

ANILLOS ESCLERÓTICOS: estructura ósea situada alrededor de la cuenca ocular, cuya función es sujetar el globo ocular. Aparece en aves, animales acuáticos y dinosaurios, pero no en mamíferos.

ARBÓREO: animal que vive en los árboles.

ARTRÓPODOS: animales invertebrados, como insectos, arañas, escorpiones y crustáceos, cuyas extremidades se dividen en segmentos unidos.

BILIVERDINA: pigmento verde producido por el cuerpo.

CANIBALISMO: práctica de comer miembros de la misma especie.

CAPACIDAD PULMONAR: la máxima cantidad de aire que pueden almacenar los pulmones después de inhalar.

CARROÑA: restos de un animal al que ya se le han arrancado la mayoría de las partes carnosas.

CARROÑERO: animal que se alimenta de restos de animales cazados y matados por otro animal.

CASUARIO: ave grande no voladora con plumas negras y cabeza azul sin plumas con una gran cresta.

CEFALÓPODO: moluscos marinos como el pulpo, la sepia y el calamar actuales, o el amonites (ya extinguido).

COLÁGENO: sustancia orgánica presente en el tejido blando de un organismo, que conecta, sostiene y nutre distintos órganos del cuerpo.

CORONA: elevación puntiaguda en la parte superior de un diente.

CRÁNEO: estructura ósea que forma la cabeza de un animal.

CRESTA: protuberancia ósea, carnosa o con plumas situada normalmente en la cabeza de algunas aves, reptiles y peces.

CROPOLITO: heces fosilizadas.

CUADRÚPEDOS: animales que caminan a cuatro patas.

CUERNOS: estructuras duras, normalmente puntiagudas, situadas en la cabeza de los animales, hechas de hueso u otras sustancias, como la queratina.

DESCOMPOSICIÓN: proceso que ataca al cuerpo de un organismo vivo tras su muerte, empieza por la carne y acaba destruyendo el cuerpo por completo.

DINOSAURIOS: grupo de reptiles terrestres con extremidades columnares, es decir, rectas y erguidas bajo el cuerpo. A los dinosaurios mesozoicos, que se extinguieron hace 66 millones de años, se les llama dinosaurios no voladores, para diferenciarlos de los voladores, que existen todavía y se les conoce como aves.

EMBOSCADA: técnica de caza que implica coger a la presa por sorpresa.

EMBRIÓN: primera etapa de desarrollo de un organismo, después de la fertilización.

ERA: periodo muy largo de tiempo, el principio y el final se identifican con sucesos específicos, como la extinción masiva, que está dividido en intervalos más cortos llamados periodos.

ESCAMAS: estructuras gruesas y córneas que cubren el cuerpo de los reptiles, algunas zonas pequeñas de las aves y es muy raro que se encuentren en los mamíferos.

ESPINA NEURAL: protuberancia ósea en las vértebras de algunos animales, que suele soportar una vela o una joroba.

ESTERNÓN: hueso situado en el pecho donde se unen las costillas. Puede estar muy desarrollado en los animales voladores, ya que los músculos pectorales utilizados para batir las alas también se unen a él.

EXHIBICIÓN: conjunto de características o comportamientos que usan los animales para comunicarse con los miembros de su misma especie o de una diferente.

FALANGES: grupo de huesos que forman los dedos de cada mano y que se articulan entre sí.

FÓSIL: restos o rastro reconocido de un organismo del pasado, normalmente transformado en una roca como resultado del proceso de fosilización.

FOSILIZACIÓN: proceso que conserva los restos o rastros de organismos del pasado.

FRUGÍVORO: animal herbívoro que se alimenta principalmente de fruta.

FUERZA AERODINÁMICA: la fuerza ejercida en un objeto sólido cuando se mueve por un fluido (líquido o gas), por ejemplo, aire.

GARRA: último hueso de un dedo; es curvo, puntiagudo y está cubierto con una uña fuerte que también es curva y puntiaguda.

GASTROLITOS: piedras que digieren algunos animales para tragarse la comida directamente en el estómago.

GIMNOSPERMAS: plantas leñosas, como los pinos y los abetos, que producen semillas, pero no frutos.

HIDRODINÁMICO: adjetivo utilizado para indicar que un objeto o animal puede moverse fácilmente en el agua.

HUELLA: marca dejada en el suelo por cualquier parte del cuerpo de un animal o planta que muestra sus características.

LACUSTRE: relacionado o asociado a los lagos.

MAMÍFEROS: animales vertebrados que amamantan a sus crías.

MANADA: grupo de animales que viven y trabajan juntos para cazar o cuidar a sus crías.

MANDÍBULA: hueso con forma de U situado en el cráneo que alberga la arcada dental inferior. También se conoce como mandíbula inferior.

MAXILAR: parte del cráneo que alberga la arcada dental superior.

OCLUSIÓN DENTAL: alineamiento de los dientes superiores e inferiores cuando la boca está cerrada.
ORNITISQUIOS: dinosaurios herbívoros bípedos o cuadrúpedos con huesos pélvicos parecidos a los de las aves actuales. Este grupo incluye, por ejemplo, estegosáuridos, anquilosaurios y ceratópsidos.
OSTEODERMOS: estructuras rígidas de placas óseas, queratina o piel gruesa y de cuero localizadas en la piel de algunos animales, como los cocodrilos, utilizadas normalmente como forma de protección.
OVOVÍPAROS: animal que produce huevos, pero no los incuba, los deja dentro del cuerpo y da a luz a una cría.
PALEONTOLOGÍA: estudio científico de la vida prehistórica basada en los fósiles.
PANGEA: supercontinente que incorporaba la mayoría de las masas terrestres de la Tierra y que existió entre el Paleozoico Tardío y el Jurásico.
PATAGIO: membrana de piel que une el cuerpo y las extremidades, como en los murciélagos y los pterosaurios, que permite al animal moverse por el aire.
PERIODO: unidad de tiempo utilizada para dividir una era en intervalos de tiempo más pequeños.
PICNOFIBRAS: filamentos con forma de pelo parecidos a las plumas primitivas, que cubren ciertas partes del cuerpo de los pterosaurios.
PICO: estructura córnea alargada o puntiaguda que cubre la parte frontal del maxilar y la mandíbula.
PIGÓSTILO: extremo de la columna espinal de un ave, donde las últimas 4 o 5 vértebras se fusionan, lo que permite sujetar las plumas largas de la cola.
PISCÍVORO: animal carnívoro que come principalmente peces.
PLUMAS BAJAS: estructuras más blandas y esponjosas que las plumas del plumaje: cubren el cuerpo de algunos animales para limitar la pérdida de calor y mantenerlos calientes.
PLUMAS DEL PLUMAJE: estructuras rígidas y resistentes, compuestas principalmente de queratina, encontradas en las alas y las colas de las aves, las cuales crean una superficie grande que permite el vuelo. Pueden ser muy coloridas.
PROTOPORFIRINA: sustancia producida por el cuerpo que proporciona un color marrón a los huevos.
PTEROSAURIOS: reptiles mesozoicos que pueden volar gracias a las alas formadas por un dedo muy grande y una membrana de piel.
QUERATINA: sustancia orgánica de la que están hechos el bello corporal, el pelo y las uñas.
RITUALES DE APAREAMIENTO: conjunto de comportamientos que utilizan los animales para conseguir una pareja.
ROSTRA: estructura prominente situada en la parte frontal de la boca de algunos animales.
SAURISCOS: dinosaurios que tienen huesos pélvicos parecidos a los de los reptiles actuales, incluye a los terópodos y a los saurópodos.
SEDIMENTO: materiales sólidos como el barro, la arena o la gravilla.

TAC: técnica parecida a los rayos X, usada para diagnosticar enfermedades médicas, pero también puede obtener imágenes muy detalladas del interior del cuerpo, lo que hace posible reconstruir un modelo tridimensional.
TERÓPODO: este término significa "patas de bestia" y se utiliza para indicar un grupo de dinosaurios saurisicos principalmente carnívoros.
VELA: estructura amplia y alta situada en la espalda de algunos animales. Consiste en una membrana de piel que suele estar sujeta por las espinas neuronales.
VISIÓN BINOCULAR: cuando una imagen "se captura" con ambos ojos al mismo tiempo. Es habitual en animales con ojos orientados hacia delante y permite calcular de forma precisa las distancias.
VOLANTE ÓSEO: estructura ósea de la parte trasera del cráneo de un animal que cubre, al menos, parte del cuello.
VUELO DE ALETEO: modo de vuelo que implica un continuo aleteo de las alas.
VUELO PLANEADOR: modo de vuelo que incluye mantener las alas abiertas en una posición fija.
ZONA DE ANIDACIÓN: área elegida por los animales para poner los huevos y cuidar a sus crías.

CRÉDITOS FOTOGRÁFICOS

pp. 2-3 - Daniel Eskridge/Shutterstock
pp. 4-5 - Herschel Hoffmeyer/Shutterstock
pp. 8-9 - Daniel Eskridge/Shutterstock
p. 10 sección superior - Catmyo/Shutterstock
pp. 10-11 - bortonia/Getty Images
pp. 14-15 - JoeLena/Getty Images
pp. 16-17 - Daniel Eskridge/Shutterstock
p. 18 - Daniel Eskridge/Shutterstock
pp. 20-21 - Daniel Eskridge/Shutterstock
p. 22 - DM7/Shutterstock
p. 23 - Jon Hicks/Getty Images
p. 24 - Valentyna Chukhlyebova/Alamy Stock Photo
p. 25 - Dorling Kindersley ltd/Alamy Stock Photo
p. 26 - Zhongda Zhang/Getty Images
pp. 28-29 - Daniel Eskridge/Shutterstock
pp. 30 y 31 - DM7/Shutterstock
pp. 32-33 - Daniel Eskridge/Shutterstock
p. 34 - Stocktrek Images, Inc./Alamy Stock Photo
p. 35 - Steve Vidler/Alamy Stock Photo
p. 36 - Daniel Eskridge/Shutterstock
pp. 38-39 - Leonello Calvetti/Alamy Stock Photo
p. 38 sección inferior - Leonello Calvetti/Alamy Stock Photo
pp. 40-41 - Daniel Eskridge/Shutterstock
p. 42 - Herschel Hoffmeyer/Shutterstock
p. 43 sección inferior - Leonello Calvetti/Alamy Stock Photo
p. 44 sección superior - Filippo Vanzo/Shutterstock
p. 44 sección inferior - Dinoton/Shutterstock
p. 45 sección superior - Walter Geiersperger/ Getty Images
p. 45 sección inferior - Natalia van D/Shutterstock
pp. 46-47 - Daniel Eskridge/ Getty Images
p. 48 - Julius Csotonyi/Novapix/Bridgeman Images
p. 50 sección izquierda - Alan Curtis/Alamy Stock Photo
pp. 50-51 - Julius Csotonyi/Novapix/Bridgeman Images
p. 52 - Catmyo/Shutterstock
p. 53 sección izquierda - Catmyo/Shutterstock
p. 53 sección derecha - The Natural History Museum/Alamy Stock Photo
pp. 54-55 - Raul Lunia/Novapix/Bridgeman Images
pp. 56-57 - Leonello Calvetti/Alamy Stock Photo
p. 57 sección inferior - Leonello Calvetti/Alamy Stock Photo
p. 58 - The Natural History Museum/Alamy Stock Photo
p. 59 sección superior - dpa picture alliance/Alamy Stock Photo
p. 59 sección inferior - Love Lego/Shutterstock
pp. 60-61 - MasPix/Alamy Stock Photo

pp. 62-63 - Roman Garcia Mora pp. 64-65 - Stocktrek Images, Inc./Alamy Stock Photo
pp. 66-67 - Herschel Hoffmeyer/Shutterstock
p. 68 - Lakeview Image/Shutterstock
p. 69 - Mohamad Haghani/Alamy Stock Photo
pp. 70-71 - Stocktrek Images, Inc./Alamy Stock Photo
p. 72 sección superior - The Natural History Museum/Alamy Stock Photo
pp. 72-73 sección superior - The Natural History Museum/Alamy Stock Photo
pp. 72-73 sección inferior - Daniel Eskridge/Shutterstock
p. 74 - Catmyo/Shutterstock
pp. 76-77 - Elenarts/Shutterstock
p. 78 - Warpaint/Shutterstock
p. 80 - Catmando/Shutterstock
p. 81 - Michael Rosskothen/Shutterstock
p. 82 sección superior - Dorling Kindersley ltd/Alamy Stock Photo
pp. 82-83 - Stocktrek Images, Inc./Alamy Stock Photo
p. 83 sección inferior - Dorling Kindersley ltd/Alamy Stock Photo
pp. 84-85 - Matis75/Shutterstock
p. 85 - Puwadol Jaturawutthichai/Shutterstock
pp. 86-87 - Antic Yrej / EyeEm/Getty Images
p. 87 sección superior - Walter Geiersperger/Getty Images
pp. 88-89 - wwing/Getty Images
p. 90 - Daniel Eskridge/Shutterstock
p. 91 - Martin Shields/Alamy Stock Photo
pp. 92 y 93 - Leonello Calvetti/Alamy Stock Photo
p. 94 - Daniel Eskridge/Shutterstock
p. 95 - Daniel Eskridge/Shutterstock
p. 96 - Diego Mattarelli
pp. 96-97 sección central - DM7/Shutterstock
p. 97 sección superior izquierda - The Natural History Museum/Alamy Stock Photo
p. 97 sección inferior izquierda- Diego Mattarelli
p. 97 sección superior derecha - Diego Mattarelli
p. 97 sección inferior derecha - The Natural History Museum/Alamy Stock Photo pp. 98-99 - Herschel Hoffmeyer/Shutterstock
pp. 100-101 - Herschel Hoffmeyer/Shutterstock
pp. 102-103 - Herschel Hoffmeyer/Shutterstock
pp. 104-105 - Dotted Yeti/Shutterstock
p. 106-107 - Matis75/Shutterstock
p. 107 sección superior - Dan Kitwood/Getty Images
p. 107 sección inferior - Ton Bangkeaw/Shutterstock
p. 108 - Daniel Eskridge/Shutterstock

pp. 110-111 - Raul Lunia/Novapix/Bridgeman Images
pp. 112-113 - ExpressionImage/Shutterstock
pp. 114-115 - Stocktrek Images, Inc./Alamy Stock Photo pp. 116-117 - DM7/Alamy Stock Photo
p. 118 sección izquierda - Stocktrek Images, Inc./Alamy Stock Photo
pp. 118-119 - Novapix/Bridgeman Images
p. 120 - Yuriy Priymak/Stocktrek Images/Getty Images
p. 122 - The Natural History Museum/Alamy Stock Photo
p. 123 - Warpaint/Shutterstock
pp. 124-125 - MasPix/Alamy Stock Photo
pp. 126-127 - Corey Ford/Alamy Stock Photo
pp. 128-129 - MasPix/Alamy Stock Photo
p. 130 - Herschel Hoffmeyer/Shutterstock
pp. 132-133 sección superior - Leonello Calvetti/Alamy Stock Photo
pp. 132-133 sección inferior - Leonello Calvetti/Alamy Stock Photo p. 133 sección superior - INTERFOTO/Alamy Stock Photo
pp. 134-135 - Daniel Eskridge/Shutterstock
p. 135 sección inferior - Loop Images/Getty Images
p. 136 - Daniel Eskridge/Shutterstock
p. 137 - Science Photo Library/Alamy Stock Photo
pp. 138-139 - Daniel Eskridge/Shutterstock
pp. 140-141 - Stocktrek Images, Inc./Alamy Stock Photo
pp. 142-143 - Leonello Calvetti/Alamy Stock Photo
pp. 144-145 - De Agostini Picture Library/Getty Images
p. 145 sección superior - Roberto Nistri/Alamy Stock Photo
p. 146 sección superior - Warpaint/Shutterstock
p. 146 sección inferior - Leonello Calvetti/Alamy Stock Photo
pp. 148-149 - Daniel Eskridge/Shutterstock
p. 150 - Elenarts/Shutterstock
pp. 152-153 - Michael Rosskothen/Shutterstock
p. 154 - Noiel/Shutterstock
p. 155 - imageBROKER/Alamy Stock Photo
pp. 156-157 - MasPix/Alamy Stock Photo
pp. 158-159 - Herschel Hoffmeyer/Shutterstock
pp. 160-161 - Roamn Garcia Mora
pp. 162-163 - Danita Delimont/Alamy Stock Photo
p. 164 - Michael Rosskothen/Shutterstock
p. 165 - Breckeni/Getty Images
p. 166 - Warpaint/Shutterstock
p. 167 - Reimar/Shutterstock
pp. 168-169 - Herschel Hoffmeyer/Shutterstock
p. 169 - Walter Geiersperger/Getty Images
pp. 170-171 - Roman Garcia Mora
pp. 172-173 - Love Lego/Shutterstock
pp. 174-175 - Daniel Eskridge/Shutterstock
pp. 176-177 - Leonello Calvetti/Alamy Stock Photo
p. 177 sección inferior - The Natural History Museum/Alamy Stock Photo
p. 178 - Danny Ye/Shutterstock

pp. 178-179 - The Natural History Museum/Alamy Stock Photo
p. 179 - The Natural History Museum/Alamy Stock Photo
pp. 180-181 - Daniel Eskridge/Alamy Stock Photo
pp. 182-183 - Science Photo Library/Alamy Stock Photo
pp. 184-185 - Michael Rosskothen/Shutterstock
p. 186 left - Corbin17/Alamy Stock Photo
pp. 186-187 - Michael Rosskothen/Shutterstock
p. 188 - Stocktrek Images, Inc./Alamy Stock Photo
p. 189 sección inferior - The Washington Post/Getty Images
pp. 190-191 - Valentyna Chukhlyebova/Shutterstock
p. 191 sección superior derecha- Herschel Hoffmeyer/Shutterstock
pp. 192-193 - Stocktrek Images, Inc./Alamy Stock Photo
p. 194 - Corey Ford/Alamy Stock Photo
pp. 196 y 197 - Michael Rosskothen/Shutterstock
p. 198 sección izquierda - ER Degginger/Alamy Stock Photo
pp. 198-199 sección superior - Corey Ford/Alamy Stock Photo
pp. 198-199 sección inferior - Warpaint/Shutterstock
p. 200 - Stocktrek Images, Inc./Alamy Stock Photo
pp. 202 y 203 - Stocktrek Images, Inc./Alamy Stock Photo
pp. 204 y 205 - Leonello Calvetti/Alamy Stock Photo
pp. 206-207 - Warpaint/Shutterstock
pp. 208-209 - Mohamad Haghani/Alamy Stock Photo
pp. 210-211 - Warpaint/Shutterstock
pp. 212-213 - MasPix/Alamy Stock Photo
p. 213 sección superior - The Natural History Museum/Alamy Stock Photo
pp. 214-215 - Stocktrek Images, Inc./Alamy Stock Photo
p. 216 - Yreas Meyer/Shutterstock
p. 217 - Stocktrek Images, Inc./Alamy Stock Photo
p. 218 - Stocktrek Images, Inc./Alamy Stock Photo
p. 219 sección superior - Ryan M. Bolton/Shutterstock
p. 219 sección inferior - Phil Degginger/Alamy Stock Photo
pp. 220-221 - Mohamad Haghani/Alamy Stock Photo
pp. 222-223 - MasPix/Alamy Stock Photo
pp. 224-225 - Nobumichi Tamura/Stocktrek Images/Getty Images
p. 225 sección inferior izquierda - The Natural History Museum/Alamy Stock Photo p. 226 - Roman Garcia Mora
p. 227 sección inferior - Mike Kemp/Getty Images
p. 228 - Michael Rosskothen/Shutterstock
pp. 230-231 - MARK GARLICK/SCIENCE PHOTO LIBRARY/Getty Images
pp. 232-233 - Mark Stevenson/Stocktrek Images/Getty Images
p. 237 - Roman Garcia Mora

PORTADA: Warpaint/Shutterstock
CONTRAPORTADA: Daniel Eskridge/Shutterstock

BIOGRAFÍAS

DIEGO MATTARELLI - Diego tiene un grado en Ciencias de la Geología y la Tecnología por la Universidad de Milano-Bicocca, y lleva casi 15 años dedicado a la difusión "generalizada" de la ciencia en instituciones educativas y al público en general, colaborando con diversos institutos. Sin embargo, su gran pasión son los dinosaurios: empezó a aprender paleontología en museos y exhibiciones, convirtiéndose en un paleontólogo "práctico" al formar parte de un equipo de excavación internacional que llevó a cabo campañas de investigación en el Norte de África, patrocinadas por la National Geographic Society. Participó en la recuperación del esqueleto del dinosaurio más completo en el continente africano, un *Spinosaurus*, que cambió la comprensión actual de los dinosaurios. Este descubrimiento fue publicado en abril de 2020 en Nature, una de las revistas científicas más importantes del mundo. Ha publicado diversos trabajos: fue coautor de varios libros de texto sobre ciencias para escuelas secundarias inferiores y ha sido autor y coautor de varias publicaciones científicas en diversos campos. También es profesor de Mineralogía y Física aplicada a la Restauración en IED-Aldo Galli Academy of Fine Arts en Como.

EMANUELA PAGLIARI - Emanuela tiene un grado en Ciencias Naturales por la Universidad de Milán y cuenta con más de quince años de experiencia en la difusión científica en el Civic Natural History Museum en Milán, el Civic Ulrico Hoepli Planetarium en Milán y otras instituciones. Es experta diseñando actividades de aprendizaje divertidas en el campo de las ciencias naturales y es coautora de varias publicaciones científicas educativas.

CRISTINA BANFI - Cristina tiene un grado en Ciencias Naturales por la Universidad de Milán y una Tesis en Paleontología. Es profesora y miembra fundadora de Associaazine Didattica Museale- ADM (1994) y ADMaiora srl (2015), asociaciones activas en el campo de enseñanza en museos y exhibiciones.
Ha estado implicada en la comunicación científica y en el aprendizaje divertido durante más de 30 años, y ha colaborado en la organización y el diseño de eventos culturales y cursos de formación. También ha colaborado en diversos libros de texto y publicaciones educativas.

Título original: *A tu per tu con i dinosauri*

WS Edizioni White Star Kids® es una marca registrada
propiedad de White Star s.r.l.
© 2021 libro original publicado por White Star s.r.l.
Piazzale Luigi Cardona, 6
20123 Milán, Italia.
www.whitestar.it

Autores: Diego Mattarelli – Emanuela Pagliari – Cristina Banfi

Traducción del italiano: Alba Jiménez Blázquez

Diagramación: Editor Service, S.L.

Primera edición en castellano para todo el mundo: abril 2022
© Tramuntana Editorial - c/ Cuenca, 35
17220 Sant Feliu de Guíxols (Girona)
www.tramuntanaeditorial.com

ISBN: 978-84-18520-35-8
Depósito legal: GI 1386-2021

Impreso en Turquía
Reservados todos los derechos